돈은 없지만 부자수업은 받고 싶다

부를 끌어당기는 가장 친절한 설명서

돈은 없지만 부자수업은 받고 싶다

이원석 지음

모아북스
MOABOOKS

당신은 부자에 대해 얼마나 알고 있나요?

이 세상의 모든 사람들은 부자가 되고 싶은 욕망을 가지고 있다. 경제적으로든 정신적으로든, 가난하고 궁핍한 삶을 살고 싶거나 그런 삶을 욕망하는 사람은 없을 것이다.

이러한 공통의 욕망을 발견할 수 있는 것이 바로 이 세상의 수많은 책들이다. 제목과 내용은 다르지만 부자가 되고 싶다는 욕망을 반영한 책들이 다양한 형태로 출판이 되고 베스트셀러가 되고 있다. 책에 관심이 없는 사람들조차도 부자 되는 비법을 알려주는 책이라면 눈길을 주지 않을 수 없을 것이다.

출판의 역사가 시작된 이래 부자에 대한 책은 정말 다양한 형태로 진화하고 발전해왔다. 그러나 막상 독자들은 책을 읽고 나서 아쉬움을 이야기한다.

"그래서 어떻게 하라는 거야?"

왜 부자학이나 성공학을 읽고 나서 이런 질문을 하게 되는 것일까? 그것은 부자가 되는 길에 대한 내용이 피상적이고 원론적이었기 때문이다. 필자는 바로 이 지점에서 갈증을 느끼고 수많은 부자학을 섭렵한 끝에 몸소 느꼈던 갈증을 풀고자 이 책을 쓰게 되었다.

부자가 될 수 있는 마인드와 실천법
수십 권의 비법을 한 권으로 집대성하다!

필자는 가난하지는 않지만 그렇다고 부유하지도 않은 가정환경에서 자라면서 유독 부자학에 관심이 많았다. 특히 경제적 자유에 관심이 많았다. 그래서 학창 시절에도 부자에 대한 서적을 공부하고, 대학 생활도 경영학과를 졸업할 때까지 '돈에 대한 공부'에 매진했다. 교내 투자동아리 부회장, 전국 금융투자동아리 연합 부회장을 역임하면서 실전적인 돈 공부에 몰입하기도 했다. 그 후 지금은 재무설계 교육과 금융 세미나 강사로 활동 중이다.

즉 부자학과 성공학에 대한 책이란 책은 누구보다도 깊이 탐독하고 실전에서 활용해보는 경험을 쌓아온 것이다. 그런데 그 많은 책들을 읽으며 느낀 가장 큰 갈증은 '그래서 어떻게 하라고?' 였다.

부자가 되기 위한 마인드, 부자들의 습관, 부자의 목표 설정 등….
내용은 다 좋은 이야기고, 다 필요한 이야기이다. 그런데 '어떻게 실
천해야 하는 거지? 그 다음은 어떻게 해야 하지?' 가 늘 머릿속에 남
았다. 부자 되기를 쉽게 실천할 수 있는 '방법론' 에 갈증이 생겼다.
그 갈증은 아무리 많은 책을 읽어도 해소되지 않았다.

그 후 자연스럽게 결심하게 되었다. 지금 당장, 누구나 쉽게 실천
하고, 쉽게 부자 마인드를 세팅하는 방법! 이 책은 바로 그러한 취
지에서 쓰게 되었다.

막연하고 피상적인 부자학의 시대는 갔다
지금, 당장, 누구나 실천하고 행동해야 한다!

부자학에 대한 두 번째 갈증은 '흩어진 정보들' 이었다. 읽을 때는
다 좋은 내용이고 고개를 끄덕이게 되는데, 책을 덮고 나서 시간이
지나면 어디에서 봤는지, 그래서 무엇부터 해야 하는지 기억도 잘
나지 않았다.

그래서 이 책 한권으로 부자 마인드를 집약하고 싶었다. 부자 마
인드를 총망라할 뿐만 아니라 핵심 정보를 한 눈에 볼 수 있도록 집

대성하였다.

즉 이 책에는 부자학 서적 수백 권을 읽고, 생활 속에서 실천해보고, 많은 사람들에게 교육하면서 느꼈던 필자의 생각을 생생하게 담았다. 10여 년 동안 관심을 갖고 연구했던 부자 마인드의 핵심 내용, 그리고 몸소 느꼈던 갈증까지 총망라하여 담았다. 어떻게 하면 부자가 될 수 있는지, 그러려면 지금 당장 무엇부터 실천해야 하는지를 구체적으로 정리했다. 독자들이 '그래서 어쩌라고?' 가 아니라 '아, 이렇게 시작하면 되겠네!' 라고 느낄 수 있도록 했다.

부자를 만드는 것은 생각만이 아니다. 실천과 행동이 부자를 만든다. 독자들은 "아하! 이렇게 하나하나 실천하다 보면 부자가 되는 길에 가까워질 수 있겠구나!" 라고 생각하고 자기도 모르게 하나씩 실천해볼 마음을 갖게 될 것이다.

부자학과 성공학 책 100권을 읽었으나
여전히 부자가 아닌 당신을 위한 책이다

이 책에는 부자가 되기 위해 지금 당장 실천할 수 있는 메시지와 생활 속 가이드가 들어 있다.

우선 부자학의 고전이라 할 수 있는 세계적인 베스트셀러 30여

권과 전문가 20여 명의 핵심 메시지를 엄선해 누구나 한 눈에 습득할 수 있도록 안내하고 녹여냈다. 또한 중간중간 실천팁을 통해 누구나 하루 10~20분 내로 직접 해볼 수 있는 가이드를 제시하였다.

'1장. 부자들이 말하는 부자 공식'에서는 부자가 되기 위한 뜨거운 목표 세우기에 대한 내용을 담았다. 부자가 되는 공식은 대단한 운이나 '금수저'의 환경에 있지 않다. 그저 [원하는 것-행동-결과]의 공식을 따르면서 긍정적인 감정으로 지속적으로 행동하는 것, 그것이 부자 공식의 핵심이다.

'2장. 부자들은 어떤 신념을 갖고 있는가?'에서는 부자가 되기 위해 마음속에 가져야 할 강력한 신념을 설정하는 방법에 대해 안내했다. 부자가 되려면 돈을 버는 방법을 알기 전에 부자의 태도와 관점을 내면에 갖추어야 한다. 즉 돈이 먼저가 아니라 마인드 세팅이 먼저다. 당신을 가난하게 만드는 것은 돈이 없어서가 아니라 '마인드'가 비어 있기 때문이다.

'3장. 부자들은 어떤 환경을 만드는가?'에서는 부자가 되기 위한 구체적인 실천 도구를 안내했다. 여기에서 제시하는 [손끝 행동, 입술 행동, 뇌의 행동, 예견 행동, 헐크 행동, 베풂 행동]의 6가지 실천 도구를 오늘부터 즉시 행동해보기 바란다. 행동하는 순간 일상이 달라지고 미래가 달라진다. 부자가 되지 못하는 것은 '행동하지 않음'에 있다.

부자 마인드 실천법에 관심이 있는 대한민국의 성인들, 한 권으로 집대성된 부자학을 읽고 싶은 독자들, 부자 마인드를 실천하면서 살아가고 싶은 청년들과 학생들, 경제적 자유를 위한 실천적인 목표 설정과 부자 마인드 세팅이 필요한 회사원과 자영업자들, 나아가 인생의 새로운 분야에 도전하기 위한 부자 마인드 세팅이 필요한 대한민국의 모든 사람에게 이 책이 강력한 실천 도구가 되길 바란다.

이원석

차례

2장 부자들은 어떤 신념을 갖고 있는가? - 강력한 신념 설정하기

3장 부자들은 어떻게 환경을 만드는가? - 탁월한 실천 도구 만들기

1장

부자들이 말하는 부자 공식

- 뜨거운 목표 세우기

내가 원하는 부의 모습을 선택하고,
올바른 가치를 추구하면서, 좋아하고 사랑하는 일을 찾아
목표를 설정해 보자.

나의 행동을 강력하게 이끄는 감정을 찾아
목표에 감정을 입혀보자.

원하는 것을 떠올리고,
그것을 얻기 위해 행동하는 것이 전부다.
구체적으로 생각할수록 더 빨리 다가온다.
그때의 감정을 미리 느끼면 더 빠르게 성취한다.

"끝을 정하고 끝을 믿으면서 걷다보면 끝에 도달한다."

- 스티브 잡스

①

큐피드의 화살처럼 활쏘기

: [원하는 것]-[행동]-[결과]의 공식을 따라라

사람은 누구나 행복해지길 원한다. 그러려면 필요한 것들이 많다. 행복을 위해 필요한 것들은 사람마다 다를 수 있다. 경제적인 부, 사회적인 성공과 명예, 사랑하는 사람, 좋은 인간관계, 육체적인 건강, 정서적 안정과 평화, 시간의 자유…….

무엇을 원하는가? 그것을 얻으려면 어떻게 하면 될까? 무엇이든 하면 된다. 그러면 어떤 형태로든 결과가 있을 것이다.

[원하는 것] → [행동] → [결과]. 이게 전부다. 쉽게 생각하자.

[원하는 것]: 5년 안에 통장 잔고에 1억을 만들고 싶다.

[행동]: 소득 늘리기(월급 2배, 사업 시작 등), 지출을 반으로 줄이기, 저축액 두 배로 늘리기, 투자 성과 두 배 올리기, 있는 돈 잘 지키기, 복권 사기 등.

[결과]: 달성 혹은 부족

'1 + 1 = 2' 만큼 단순한 공식이다. 목표를 정하고 얼마나 많은 행동을 하느냐가 전부다. 결과는 노력에 있다.

내가 할 수 있는 가장 단순한 길은 목표를 정하고 계획을 세우고 정확하게 행동하는 것이다. 많은 행동을 할수록 좋은 결과가 있다. 원인이 있으면 결과가 있다.

원인은 행동이다. 어떤 결과를 얻고 싶으면 어떤 행동을 해야 한다. 이것이 인과 법칙이다. 이를 가리켜 에머슨은 '법칙 중의 법칙'이라고 강조하면서 "만사에는 다 저마다의 값이 있고, 그 값을 치르지 않으면 그 어떤 것도 결코 손에 놓을 수 없다"라고 했다.

이 단순한 공식을 잊지 말자. 이 공식을 외면한 채 다른 곳에서 답을 찾으려 하지 말자.

행동을 빨리 시작할수록 빠른 결과가 있다
행동을 오래 지속할수록 더 양질의 결과가 있다

실력을 높이고, 나의 근육을 늘리려면 내가 해야 할 몫이 있다. 지불해야 할 대가가 있다. 남이 대신 해줄 수는 없다. 시간과 돈이 될 수도 있고 나의 피와 땀처럼 눈물겨운 노력이 될 수 있다. 내가 해야 할 행동에 집중하고 바로 그것에 대가를 지불하면 반드시 결과가 있다.

사랑과 인정을 얻고, 경제적 순자산을 높이고, 소득을 높이는 등 내가 얻고자 하는 모든 것에는 '내' 행동과 '내' 가 지불하는 대가가 필요하다. 그것은 남녀노소 동일하게 적용된다.

그 첫 단계인 '원하는 것' 을 찾고 결정하는 시간을 갖자.

1953년부터 목사로 활약하며 긍정적인 마음가짐과 성공의 필수 관계를 널리 전파한 공으로 '여성계의 노먼 빈센트 필Norman Vincent Peale' 이라 불리는 캐서린 폰더Catherine Ponder는 경제적인 독립에 대해 다음과 같은 원칙을 제시한다.

1. 경제적인 독립을 이루겠다고 결심했다면 그 결과를 마음속에 간절히 그리도록 한다. 원하는 소득 수준과 경제적인 독립을 이룬 후 어떻게 살아갈 것인지를 상상하는 것이다. **가능하면 자세하게 상상하도록 해야 한다.** 생각을 많이 할수록 마음속에 그린 그림은 현실이 될 것이다. 어떤 집을 원하는지, 어떤 스타일의 옷을 입고 싶은지, 어떤 활동을 펼치고 싶은지, 어떤 곳을 가보고 싶은지 생각 해보라.

2. 큰 것이던 작은 것이던, 부와 성공을 위해 **필요한 모든 일을 실 천에 옮긴다.** 당신을 대신해서 살아줄 사람은 아무도 없다. **단, 시간**

제한을 미리 정해두는 게 좋다. 어떤 일을 6개월 안에 해내겠다. 또 어떤 일은 1년 안에, 어떤 일은 2년 안에 해내겠다고 계획을 세워두는 것이다. 경제적인 독립을 계획할 때도 달성 기한을 미리 정하는 게 좋다.

3. 바라는 결과가 즉시 나타나지 않는다고 해서 불안해하거나 당황할 필요는 없다. 조급하게 또는 억지로 성과가 나타나기를 기대할 필요도 없다. 경제적인 독립을 열망하고 계획함으로써 그 꿈은 이미 마음속에서 실현되었다는 것을 명심해야 한다. *상상이 먼저이고 실현은 그 다음인 것이다.* 성공과 부는 상상한 분량만큼 현실 속에서 가시화된다. 사람들이 경제적인 독립을 이루었다면 당신도 그렇게 할 수 있다는 것을 기억하라. 하룻밤 사이에 이루어질 수는 없겠지만 반드시 이뤄질 수 있다.

이것을 공식으로 옮기면 다음과 같다.

[현재의 나]: 간절히 원하는 것을 구체적으로 상상하고 정하기
[행동으로 공백 채우기]: 기한을 정하고 내가 할 수 있는 모든 것을 하기
[미래의 나]: 결과가 이루어질 것임을 믿고, 편안하게 결과를 기다리기

여기서 중요한 것은 '현재의 나'와 '미래의 나'이다. 그리고 그 차

이를 크게 만드는 것이다. 차이가 클수록 좋다.

차이는 공백이다. 차이가 클수록 공백이 크다. 공백이 있으면 행동하게 된다. 원하는 것이 있는데 지금은 갖거나 되지 못하는 상황은 빈 공간이 형성된 것이다. 우리는 무의식적으로 그 공간을 싫어한다. 빈 공간이 있으면 채우려는 본능이 있다. 위가 비어 배고프면 먹을 것을 찾고, 옷장이 비어 입을 옷이 없으면 쇼핑몰을 찾고, 맘 터놓을 애인이나 친구가 없으면 사람을 찾는다. 경제적인 부가 부족하면 돈을 찾는 것이다.

차이를 만드는 방법은 간단하다.

첫째, 내가 원하는 것을 구체적으로 작성한다.
둘째, 원했던 것들이 하나씩 달성되어 가는 모습을 상상한다.
셋째, 이미 달성된 것처럼 감정을 느끼고 즐기면서 끊임없이 목표를 상기하는 시간을 가진다.

이렇게 노력하다보면 '미래의 나'가 매우 선명해지고 간절해진다. 그러면 그 차이를 채우기 위한 강력한 행동이 뒤따라온다.

경제적으로 풍요로운 상태, 큰 돈을 갖고 있는 상태를 설정할 수도 있다. 미래의 나에 대해 상상하는 능력만큼 되어갈 것이다. 상상하고 계획한 크기만큼 돈이 들어올 것이다.

[지금의 나 + 로또복권 당첨 10억 ⇒ 1년 후 10억을 감당할 만한 마인드와 능력]

복권 10억이 당첨된다면 어떻게 될까?

기분 좋은 것은 차치하고 우선 10억을 지킬 수 있겠는가?

내 그릇이 10억이 되지 않으면 그 돈이 금방 사라진다. 반대로 1년 내로 10억을 감당할 만한 마인드와 능력을 키우면 그 돈은 내 곁에 머무를 것이다. 돈은 자신을 지켜줄 수 있는 사람에게 머무르게 되어 있다. 돈을 지켜줄 수 있는 마인드나 능력의 크기가 10억이 되지 않으면 조만간 10억은 사라질 것이다.

공백을 채우며 성취한다

여백을 채우면 부자가 된다

여기서 발상의 전환으로 더 많은 돈을 원한다면 역으로 접근하는 방법이 성립한다. 맨 앞에 나의 미래 모습을 배치한다. 그것을 강력한 목표로 설정한다.

[미래의 나 - 지금의 나 ⇒ 차이/공백/여백 최대화]

차이를 채우면 성장한다. 공백을 채우면 성취하게 된다. 여백을 채우면 부자가 된다. 그렇게 자신의 몫인 행동을 하게 되면서 우리의 부와 행복과 성공을 얻는다. 원인과 결과의 법칙이 성립한다.

동기부여가 짐 론Jim Rohn은 자신의 저서에서 성공에 대해 이렇게 말한다.

"성공은 쫓는 것이 아니라 변화된 당신이라는 사람에게 끌려오는 것이다. 성공이란 우리가 가진 소유물이 아니라 우리가 존재하는 모습이다. 성공의 비결은 기초를 익히고 연구하는 것이다. 성공은 쉽다. 수월하게 성공할 수 있다. 행동하지 않는 90%는 행동하지 않는 것이 더 쉽다. 반면에 행동하는 10%는 행동하는 것이 더 쉽다."

내가 원하는 부의 모습을 선택하고, 올바른 가치를 추구하면서, 좋아하고 사랑하는 일을 찾아 목표를 설정해보자. 나의 행동을 강력하게 이끄는 감정을 찾아 목표에 감정을 입혀보자. 어깨에 날개를 달고 사랑의 화살을 쏘는 장난을 좋아하는 큐피드처럼 목표를 향해 즐거운 활쏘기를 만끽하자. 그리고 큐피드처럼 사랑의 화살을 쏘아보자.

화살Shaft은 행동의 주체인 '나'를 상징한다. 내 마음이 원하는 것들을 알고 내가 좋아하고 잘하는 것들을 알고 내가 잘해왔던 것들을 알아보자.

목표Target는 우리의 지향점이다. 내 인생을 채워줄 10가지 부의 모습을 보면서 가치 설정을 하고, 추구해야 할 위대한 원칙을 선정하고, 목표를 설정해보자. 부의 성취가 한층 앞당겨질 것이다.

활시위Bowstring는 행동의 힘이다. 행동의 주체인 나를 잘 챙기자. 절실함이 필요하고 지속성이 필요하다. 이를 위해 반드시 해야만 하는 이유들, 너무 하기 싫은 것들을 정리해보자. 지속성의 핵심이 되는 신념이나 습관, 행동력에 대해서 고찰해보자. 그리고 이 모든 것을 도와주는 도구들과 아이템을 내 것으로 만들어 보자.

이것을 착실하게 따르면 [원하는 것] → [행동] → [결과] 공식이 성립한다. 이것은 삶에서 원하는 것을 이루는 시발점이다.

끝은 첫 번째 창조

: 생각은 첫 번째 창조, 행동은 두 번째 창조다

눈을 감아보자. 머릿속에 맛있는 딸기를 떠올려보자.

색, 크기, 당도, 신선도는 어떤가?

어디에 가면 그 딸기를 찾을 수 있겠는가?

어떻게 하면 그 딸기를 가질 수 있겠는가?

당신은 그 딸기를 가질 능력이 있다고 생각하는가?

언제 가질 것인가?

인생에서 원하는 것을 얻는 것도 똑같다. 원하는 것을 떠올리고, 그것을 얻기 위해 행동하는 것이 전부다. 구체적으로 생각할수록 더 빨리 나에게로 다가온다. 그때의 감정을 미리 느끼면 더 빠르게 성취한다.

원하는 것을 종이에 미리 작성하는 것이 목표 설정이다. 머릿속에서 이루어지는 첫 번째 창조가 된다. 원하는 것을 획득했을 때의 감정을 느끼는 것도 중요한 창조다. 원하는 것을 얻을 자격이 있다고 생각하는 것도 중요한 창조다.

창조는 두 번 이루어진다.

첫 번째 창조는 인간의 생각 속에서 이루어지는 창조다. 눈에 보이지 않는 창조다. 계획, 목표 설정, 성취되었을 때 감정, 성과물 또는 획득물의 형태나 크기, 계획 및 설계의 실행 방법과 과정 등이다. 끝을 미리 생각하는 것이다. 끝을 미리 '생각' 하는 것이 첫 번째 창조다.

두 번째 창조는 인간의 행동 속에서 이루어지는 창조다. 눈에 보이는 창조다. 물리적으로 나타나는 모든 것이 될 수 있다. 행동의 결과로 나타나는 모든 것이다. 제품, 서비스, 성과물, 성취, 업적, 기술, 도구, 노하우, 관계, 돈 등의 원하는 모든 것이다. 되고 싶고, 갖고 싶고, 하고 싶은 모든 것이다.

원하는 모습을 일단 상상하라
생각은 씨앗이고 그 다음이 행동이다

《네 안의 잠든 거인을 깨워라》의 저자 토니 로빈스Tony Robbins는 "우리가 자동차를 운전할 수 있는 이유는 어떤 진취적인 사람이 내연기관을 발명했기 때문이다. 에너지 문제에 대한 해결책은 지금 연구를 계속하고 있는 물리학자와 엔지니어들의 창의력과 잠재능력에 달려 있다. 그리고 위험한 수준까지 가고 있는 인종 간의 갈등, 가난, 기근 등의 사회적 문제에 대한 해답은 문제 해결에 열정과 창의력을 가지고 헌신하는 사람들에 의해 얻어질 수 있는 것이다"라고 하면서, 보이지 않는 것을 눈에 보이는 현실로 만드는 것에 대해 설명하였다.

인간이 만들고 성취한 모든 결과물은 반드시 생각에서 시작되었다. 생각이 모든 결과의 '씨앗'이 된다. 3층짜리 건물은 3층짜리 설계도가 필요하고, 20층짜리 빌딩은 20층짜리 설계도가 필요하다. 설계도는 머릿속의 생각을 그저 종이 위에 표현한 것이다. 머릿속은 상상의 결과물이다.

마찬가지로 인생에서 원하는 모습을 창조하는 것은 목표 설정에서 시작한다. 미리 머릿속으로 그려보는 것이다. 내가 원하는 끝이 바로 목표이고 성과물이다. 직업, 경제력, 건강, 인간관계, 명예……. 뭐든 자유롭게 생각할 수 있다. 그 생각이 모든 결과의 씨앗이고 행동은 그 다음인 것이다.

이미 얻은 것처럼 행동하라
당연히 할 수 있다고 생각하라

성공학의 아버지 나폴레온 힐은 "작은 사과 씨를 적절한 땅에 적당한 시기에 심으면 작은 싹이 나고, 점차 한 그루의 사과나무로 성장할 것이다. 중요한 것은 사과나무가 그 씨앗에서 자라난다는 것이다."

《성공의 법칙》저자인 나폴레온 힐은 씨앗의 중요성을 강조하였다. 기러기가 어떻게 수천 킬로미터를 비행할 수 있을까? 원하는 목적지의 냄새와 모습과 온도에 집중한 것이다. 비행하는 길의 대부분은 이탈하겠지만, 지속적으로 수정해가며 도착한다.

세상이 미로 같아서 갈피를 못 잡겠더라도 희망이 있다. 원하는 결과에 집중을 잘 하면 길을 쉽게 찾을 수 있다. 원하는 목표, 삶의 모습, 성취물 등 무엇이든 먼저 '생각을' 해야 한다. 강력하게 생각해야 한다.

마치 그것을 이미 얻은 것처럼 행동하라. 마음의 눈으로 원하는 모습을 미리 상상으로 그려라. 당연히 할 수 있다고 생각하라. 마지막 끝에서부터 시작하라. 그러면 세부 사항들은 자연스럽게 확장되어나갈 것이다. 그렇게 끝을 정하고 끝을 믿으면서 걷다보면 끝에 도달할 것이다. 머릿속에 생각한 것을 얻게 된다.

인간행동학 전문가 존 디마티니John Demartini는 "부의 획득이라는 확고한 목적을 가지는 것이야말로 그것을 획득에 필수불가결한 것이다"라고 말했다. 멋진 인생을 위해 뜨거운 목표 설정을 하는 시간을 가져보자.

부자 공식 실천 TIP

나만의 북극성 설정하기

스티브 잡스는 스탠퍼드 대학교 졸업식 연설에서 이렇게 말했다.
"제가 열일곱 살이었을 때, 이런 구절을 읽은 적이 있습니다. '만일 당신이 매일을 삶의 마지막 날처럼 산다면 언젠가 당신은 대부분 옳은 삶을 살았을 것이다.' 저는 그것에 강한 인상을 받았고, 이후 33년 동안 매일 아침 거울을 보면서 제 자신에게 말했습니다. '만일 오늘이 내 인생의 마지막 날이라면, 내가 오늘 하려는 것을 하게 될까?' 그리고 여러 날 동안 그 답이 '아니오'라고 나온다면, 저는 어떤 것을 바꿔야 한다고 깨달았습니다.

제가 곧 죽을 것이라는 것을 생각하는 것은, 제가 인생에서 큰 결정들을 내리는 데 도움을 준 가장 중요한 도구였습니다. 모든 외부의 기대들, 자부심, 좌절과 실패의 두려움, 그런 것들은 죽음 앞에서는 아무것도 아니기 때문에, 진정으로 중요한 것만을 남기게 됩니다. 죽음을 생각하는 것은 당신이 무엇을 잃을지도 모른다는 두려움의 함정을 벗어나는 최고의 길입니다."

'내가 이 일을 왜 하고 있지? 난 왜 살지?'
갑자기 이런 생각이 들 때가 있다. 인간은 평생을 추구할 북극성이 필요하다. 거창하게 비전과 미션은 아니더라도 어떤 방향성이 중요하다. 그럴 때는 '나도 언젠가 죽게 된다' 는 것을 떠올리는 것이 도움이 될 수 있다.
죽음 앞에서는 나에게 가장 소중한 가치를 제외하고는 모두 무의미해진다. 이것을 효과적으로 각인시킬 수 있는 것은 바로 '묘비명 쓰기' 이다.
5분간 나의 묘비명을 작성해보자.
"만일 오늘이 내 인생의 마지막 날이라면, 내가 오늘 하려는 것을 하게 될까? 다른 사람들이 나를 어떻게 기억해주었으면 좋겠는가?"

조지 버나드 쇼의 묘비명
[George Bernard Shaw' s tombstone]

우물쭈물하다 내이럴줄 알았다

I knew if stayed around long enough,

Something like this would happen.

* 아일랜드의 극작가, 소설가, 수필가 * 1925년 노벨 문학상 수상

묘비명 작성은 나만의 북극성을 설정하는 것

→ 조지버나드 쇼는 우물쭈물하다가 인생의 기회를 놓치지 않아야 함을 온몸으로 실천하면서 살았다. 다소 익살스러운 묘비명을 보면 그의 가치관을 한 눈에 알 수 있다. 이처럼 미리 묘비명을 작성하고 살아가면 더욱 확고한 기준을 가지고 삶을 채워 나갈 수 있다. 묘비명을 미리 작성해 보는 것은 간단하지만 큰 힘이 되는 강력한 도구가 된다. 묘비명에는 다음과 같은 것들이 나타날 것이다.

1. 삶의 이유와 비전 : 왜 살아야 하는가? 무엇을 하며 살 것인가?
2. 존재의 모습 : 어떤 사람으로 살 것인가?
3. 내적인 정체성 : 어떤 가치를 추구하며 살 것인가?
4. 행동의 당위성 : 어떤 행동을 하면서 살 것인가?
5. 선택의 기준 : 어떤 삶을 살아갈 것인가?

쉽게 작성하는 TIP

1. "다른 사람들이 나를 어떤 사람으로 기억해주면 좋겠는가?" 를
   생각하면서 작성하면 쉽다.
2. 시간이 지나면서 [수정] 해도 되니, 1분만 생각해서 떠오르는 것을
   바로 작성하자.
3. 우물쭈물하지 말고 떠오르는 데로 편안하게 2~3줄 [일단] 작성해보자.

③

부에도 균형이 필요하다

: **다양한 종류의 부**가 있음을 인지하라

우리는 매일 24시간이라는 선물을 받는다. 여기에는 차별이 없다. 그러나 그 시간을 채우는 것은 사람마다 다르다.

잠자는 시간을 제외하고 깨어 있는 시간을 무엇으로 채울 것인가? 돈 문제를 해결하기 위해 모든 시간을 할애할 것인가? 아니면 건강, 가족, 일, 내적 성장과 평화 등에 균형 있게 할애할 것인가?

불균형한 시간 사용은 불균형한 삶으로 이끈다. 불균형의 악순환은 이렇다.

돈 문제 발생 → 돈 사냥꾼의 삶 시작 → 모든 에너지 집중 → 건강, 가족, 친구, 나 자신에게 사용할 에너지 소진 → 꼬이는 삶의 연속 → 돈 문제 발생 → 건강, 가족, 친구, 내 영혼이 가출함 → 총체적 난국 → 더욱 더 돈의 노예가 됨

고리를 끊는 유일한 방법은 '균형'을 찾는 것이다. 한 영역에만 에너지를 쏟으면 다른 영역에서 문제가 생긴다. 균형을 잡아야 벗어날 수 있다. 각각의 영역에 충실해야 에너지가 낭비되지 않는다.

뭔가 꼬임의 연속이라면 편중된 노력을 한 것이다. 건강을 위해 5대 영양소 섭취가 필요하듯이, 삶에도 균형적인 부가 중요하다. 편식을 하면 신체에 이상 신호가 오듯이 한 가지 부에 치중되면 부작용이 있다. 부의 여러 종류를 골고루 추구해야 행복하다.

- 돈은 많은데, 건강이 나쁘고 가족이 없는 사람
- 일이나 개인적 성취는 탁월하지만, 가정에 소홀하고 개인 여가가 없는 사람
- 자신은 너무나 건강하고 똑똑한데, 타인에 대한 이해능력이 낮고 편협한 마음을 가진 사람

통장 잔고만이 부가 아니다. 행복하고 싶다면 균형 잡힌 부를 재정의하고 추구하자. 시간 부자도 부자다. 건강 부자도 부자다. 인간관계에 능통한 사람도 부자다. 높은 자존감과 자신감, 자기효능감을 가진 사람은 감정 부자다. 이타심과 봉사심을 가진 사람도 부자로 빛날 수 있다. 우리가 추구하는 부의 유형은 다양할 수 있으며 물질적인 부와 함께 시간, 건강, 인간관계, 감정, 자유와 같은 부도 함께 추구하는 것이 중요하다.

돈이 많아야만 부자는 아니다

다양한 부의 씨앗을 뿌려야 한다

나폴레온 힐이 소개하는 12가지 부자의 모습은 다음과 같다.

1. 긍정적인 정신 자세 : 부라는 것은, 어떤 성질을 지니고 있든 간에, 일단은 하나의 정신적 자세에서 시작한다.

2. 신체적 건강 : 건강한 신체는 모든 것을 건강 위주로 생각하고, 질병을 유도하는 정신 자세에 접근하지 않는 건강에 대한 의식화로부터 출발한다.

3. 인관관계 조화 : 다른 사람과 조화를 이루려면 우선 자신의 자아와의 조화부터 이루어야 한다.

4. 두려움으로부터 해방 : 무엇이든 두려움을 느끼는 대상이 있을 때 우리는 자유롭지 못하다. 원인을 찾아 제거해야 넓은 의미에서의 부자가 될 수 있다. 인간 정신에 가장 자주 등장하는 일곱 가지 기본적인 두려움은 가난, 비판, 질병, 실연, 자유 상실, 늙음, 죽음에 대한 것이다.

5. 소망 : 온갖 형태의 행복 중 가장 큰 것은 아직 이루지 못한 소망을 달성하겠다는 희망을 통해 얻어진다. 과거에 이루지 못했어도 앞으로 기어코 달성하겠다는 장래 목표에 대한 소망 없이 사는 사람은 가련한 사람이다.

6. 신념 : 인간 정신을 가꾸는 비옥한 토양과 같아서 인생의 모든 부가 여기에서 배양된다.

7. 나의 축복을 남과 함께 하려는 마음 : 행복은 오로지 공유해야 완성되는 것이기에, 남과 나누는 것을 모르는 사람은 진정한 의미의 행복을 달성하지 못한 사람이다. 모든 부는 남에게 분배하여 그들도 도움이 될 때 그 아름다움과 절대량

이 증가된다. 부는 물질적인 것이든 정신적인 것이든 공유되지 않으면 잘려나간 나뭇가지에 매달린 장미처럼 시들거나 죽어버린다.

8. 사랑이라는 이름의 활동 : 사랑이라는 이름의 활동에 몰두하는 사람만큼 부유한 사람은 없을 것이다. 사랑이라는 이름으로 수행되는 작업은 자체적인 즐거움에 대한 자기표현이라는 의미에서 항상 신성한 것이라 할 수 있다.

9. 열린 마음 : 관용은 어떤 대상에 대해서도 열려 있는 마음을 가진 사람들만 보여주는 것이다. 또한 열린 마음을 지녀야만 우리는 진정한 학식을 습득하거나 거대한 부를 받아들일 준비를 갖출 수 있다.

10. 자기 단련 : 자신을 정복해야 세상에 던져진 자신의 운명의 주인이 될 수 있다는 의미다. 자기 단련을 훌륭하게 수행한 사람은 흔히 큰 부를 획득하거나 성공을 성취할 때 더욱 겸손해지는 경향을 보인다.

11. 타인에 대한 이해 능력 : 인간관계에서 보편적 갈등을 일으키는 원인이 무엇이고, 또 그것을 제거하는 방법이 무엇인지 깨닫는 능력을 말한다. 우정이나 상호 조화와 협조에 대한 기본 원리이면서 동료의 협력이 필요한 리더십 발휘 상황에서 가장 중요한 것이기도 하다.

12. 경제적 안정성 : 부는 오직 금전의 소유만으로 얻어지는 것은 아니다. 한 개인이 지닌 서비스 제공 능력을 의미할 수도 있다.

이처럼 부는 경제적인 안정성과 다양성을 가져야 한다. 균형 잡힌 부는 우리의 삶을 윤택하게 한다. 각각의 유형에서 특질을 간파하고 개인이 추구하고자 하는 기대치를 재조명하는 것은 더 큰 행복을 끌어당긴다.

개인이 추구하는 부를 스스로 판단하고 주기적으로 재점검 하면 더 합리적인 목적지가 설정되는 것이다. 그러면 당신 마음속 네비게이션은 우리를 더 나은 미래로 향하는 합리적인 길로 인도할 것이다.

다양한 부를 인지하는 것은 우리의 삶에 다양한 씨를 뿌리는 것과 같다. 논과 밭에 한 가지 씨를 뿌리면 한 가지 열매만 열린다. 하지만 구역을 나누고 다양한 씨를 뿌리면 다양한 열매가 맺힌다. 열매의 종류는 그냥 주어지는 것이 아니라, 뿌리는 씨앗의 종류로 결정된다. 뿌린 대로 거두는 것이다. 그 중에 내 삶을 채울 열매를 선택하는 것은 당신의 특권이다.

미국 최고의 카운슬러이자 성공학 저술가인 잭 캔필드는 그의 성공학 프로그램인 '석세스 프린서플The Success Principles' 에서 다음과 같이 말한다.

"균형 잡힌 성공한 삶을 만들어내려면, 당신의 비전은 일곱 가지 영역을 포괄할 필요가 있다. 그것은 일과 경력, 재정, 기분 전환과 여가 시간, 건강과 체력, 인간관계, 개인적 목표, 그리고 지역 사회에 대한 기여다. 이 단계에서는 자신이 소망하는 모습에 도달하기 위한 방법은 중요치 않다. 중요한 것은 그것이 어떤 것인지를 생각해내는 것이다."

즉 물질적인 부를 넘어서는 그 무엇을 추구해야 한다. 정신적이면서도 숭고한 부를 추구해야 한다. 개인의 건강과 풍요에서 더 나아가 사랑과 우정을 누려야 한다. 개인적 성취에서 더 나아가 창조적인 미래와 세상에 기여하는 삶을 누려야 한다.

단, 주의할 점이 있다. 내 영혼의 소리를 듣고 주의를 기울여 내 마음이 원하는 필수적인 부를 찾아야 한다. 그리고 선택해야 한다. 옳고 그름은 없다. 다만 내 영혼이 원하는 그것을 정확히 찾아내면 되는 것이다.

균형 잡힌 부를 추구하는 마법상자

우리는 모두 소중한 사람들이다. 우리에게 필요한 부는 공장에서 찍어낸 제품 같은 것이 아니라, 나 자신의 낭만이 묻어나는 특별한 것이어야 한다. 개인적으로 추구해야 할 부가 어떤 형태이고 얼마만큼 필요한지는 스스로 판단하자. 그리고 선택하자.

내 삶에서 필수적인 부의 유형이 무엇인지 8가지 정도로 엄선해보자. 이것은 좀 더 풍요로운 삶을 살기 위한 방법이 될 수 있다. 전공 기초를 경제적, 육체적, 관계적, 정신적, 사회적 등과 전공 필수기타 개인이 추구하는 것들를 잘 조합해보자. 진정한 행복과 깊은 만족과 특별한 보물을 찾을 것이다.

미국 메이저리그에서 활약하는 일본의 야구선수 오타니 쇼헤이 선수는 최고의 야구선수가 되기 위해 고1때 부터 매년 목표를 작성하였다. 다음과 같이 8가지 목표와 64가지 세부 목표를 표로 만들었다.

몸관리	영양제 먹기	FSQ 90kg	인스텝 개선	몸통강화	축이 흔들리지 않기	각도를 만든다	공을 위에서 던진다	손목강화
유연성	몸만들기	RSQ 130kg	릴리스 포인트 안정	제구	불안정함 없애기	힘모으기	구위	하체주도
스태미너	가동역	식사 저녁7수저 아침3수저	하체강화	몸을 열지않기	멘탈 컨트롤	볼을 앞에서 릴리스	회전수 증가	가동역
뚜렷한 목표,목적 가지기	일희일비 하지 않기	머리는 차갑게 가슴은 뜨겁게	몸만들기	제구	구위	중심축 회전	하체강화	체중증가
위기에 강하게	멘탈	분위기에 휩쓸리지 않기	멘탈	8구단 드래프트 1순위	스피드 160km/h	몸동강화	스피드 160km/h	어깨주위 강화
기복 만들지않기	승리를향한 집념	동료를 배려하는 마음	인간성	운	변화구	가동역	라이너 캐치볼	피칭 늘리기
감성	사랑받는 사람	계획성	인사	쓰레기 줍기	부실청소	카운트볼 늘리기	포크볼 완성	슬라이더 구위
배려	인간성	감사	장비는 소중히	운	심판에대한 태도	슬로우 커브	변화구	좌타자 결정구
예의	신뢰받는 사람	지속력	긍정적 사고	응원받는 사람이되자	책읽기	직구와 같은폼으로 던지기	스트라이크에서 볼을던지는 제구	거리의 이미지화

이를 응용해서 우리의 삶에서 추구할 8가지 부의 모습을 설정하고 그 모습을 달성하기 위한 세부 목표의 키워드를 작성해보자.

〈균형 잡힌 부를 추구하기 위한 만다라트 8 X 8 마법상자 작성하기〉

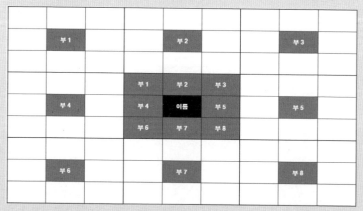

1. 자신의 이름을 가운데 적는다.

2. 추구하고 싶은 부의 모습 8가지를 이름 주변에 적는다.

3. 8가지 모습을 각각의 칸의 중앙에 옮겨 적는다.

4. 각각의 모습을 달성하기 위한 8가지 방법들을 키워드로 작성한다.

(예 : 긍정적인 정신 자세, 신체적 건강, 인간관계 조화, 두려움으로부터 해방, 소망, 신념, 나의 축복을 남과 함께 하려는 마음, 사랑이라는 이름의 활동, 열린 마음, 자기 단련, 타인에 대한 이해 능력, 경제적 안정성, 일과 일에 대한 기여, 경력, 재정, 기분전환, 여가 시간, 건강, 체력, 인간관계, 개인적 목표, 지역사회에 대한 기여, 기부, 정신적 안정, 성장, 성취, 가족, 명상, 자아 성찰, 취미, 새로운 도전, 배움, 여행, 퍼스널 브랜딩, 사업, 직장, 저축, 투자, 자기 확신, 목표설정, 리더십, 상상력, 열정, 자제력, 성품, 인성, 집중력, 인내, 겸손, 책임감, 용기, 성실성, 감사, 사랑, 비전, 혁신, 균형, 단순함, 신념 등)

당신 마음속의 우선순위는 무엇인가?

: **마음속 최우선순위**를 추구하는 삶을 살아라

우리는 관계를 맺고 살아간다. 내적으로는 자신의 마음과 관계를 맺고, 외적으로는 다른 사람과 관계를 맺는다. 그런데 이때 사람마다 추구하는 가치는 다양하다.

어떤 가치는 나에겐 좋지만 다른 사람에게 피해를 주기도 한다. 타인을 고려하지 않은 개인적 욕망 추구나 개인 욕구에 대한 지나친 집착이 그 예이며 이런 경우는 주로 범죄로 이어진다. 반면에 어떤 가치는 나에게도 좋고 다른 사람에게도 좋다. 이러한 가치들을 올바르게 인지하고 선택한다면 더 나은 부를 얻을 수 있다.

이러한 올바른 가치에 기초한 목표 설정을 해보자. 가치에 기반을 두고 목표를 추구한다면 평범한 사람도 비범한 사람이 될 수 있다. 일상생활 속에서 이러한 가치들을 추구하며 살아간다면 한층 더 숭고한 풍요와 성공을 얻을 것이다.

다른 사람과의 관계만큼 내적인 관계도 중요하다. 내 마음과의
관계 말이다. 외적으로 괄목할 만한 성공과 부를 얻은 사람들 중에
내적으로 극심한 고통을 받는 사람들이 많다. 눈부신 흥행가도를
달리며 최고의 톱스타가 되었음에도 내적으로나 심리적으로나 결
핍이 있어서 마약과 도박에 빠져 허우적거리는 경우도 많다. 경제
적으로는 전혀 부족함이 없는 풍족한 집안의 자녀임에도 성장 과정
에서 심리적으로는 빈약하고 정신적으로 고통받는 사람들이 있다.
왜 이런 일이 일어나는 것일까?

글로벌 초일류 기업에 입사한 신입사원이 있다. 이 청년은 자신
의 분야에 불철주야 헌신하여 큰 성과를 이루었다. 결국 상무를 거
쳐 전무가 되고 지금도 승승장구하고 있다. 하지만 그 대가로 그 과
정에서 가정생활과 자신의 사적인 삶을 포기해야 했다. 그는 딸아
이의 생일 한 번 챙겨준 적이 없으며, 두 아들의 졸업식과 군대 면
회도 가본 기억이 없다. 아내가 어떤 꽃, 어떤 음식을 좋아하는지도
가물가물하다. 사회적 지위와 경제적 성공을 이룬 지금 스스로 어
떤 사람인지에 대한 질문에 답하지 못하고 인생에서 가장 중요한
가치가 무엇인지도 불확실하다. 그는 세월이 지나 자문할 것이다.

"직장에서의 성공이 나에게 어떤 가치가 있는 것일까?"

돈이 아니라 가치를 추구하라
삶에서 의미 있는 것들을 찾고
그것들의 우선순위를 파악하라

올바른 가치를 선택하고 그것을 내 삶의 주요 원칙으로 추구해야
한다. 그 원칙을 기초로 목표 설정을 하자. 목적지를 향한 더 선명
한 경로가 보일 것이다. 시간이 갈수록 빛날 것이다. 복잡하게 얽혀
있는 미로를 지날 때 효과적인 이정표가 될 것이다.

정신적인 혼란에 빠져 있을 때 효과적인 나침반이 될 것이다. 세
계적인 리더십 전문가 스티븐 코비는 '평범한 사람을 위대한 사람
으로 만들어주는 21가지 가치'를 다음과 같이 소개하였다.

1. 공헌 Contribution : 우리가 원하는 마음의 평화와 성취감을 얻기 위해서는 자신
과 타인에게 영원한 의미를 지닌 꿈, 우선 과제 그리고 목표를 분명하게 정해야
한다.

2. 자선 Charity : 삶의 의미를 찾고자 한다면 재산이나 지위에 상관없이 다른 사람
의 삶이 풍요로워질 수 있도록 마음을 쏟고 지적 능력과 재능을 발휘해야 한다.

3. 각별한 관심 Attention : 의미 있고 지속적인 공헌이나 자선은 한 개인에게 각별

한 관심을 쏟으며 조용히 일대일로 이루어지는 경우가 많다.

4. 책임 Responsibility : 우리의 삶은 자기가 한 행동에 책임을 지고 주도적으로 자기만의 환경을 창조하고자 노력할 때만 진보한다.

5. 용기 Courage : 두려움이 없는 것이 아니라, 두렵지만 두려움보다 더 중요한 것이 있음을 아는 것이다. 안전지대에서 나올 것을 요구한다.

6. 자기절제 Discipline : 흔들림 없이 가장 소중한 것에 집중할 수 있는 강인한 정신력.

7. 성실성 Integrity : 진정한 성실성은 당신이 옳은 일을 했는지 안 했는지 아무도 모를 거라는 사실을 알면서도 그 일을 하는 것이다 _오프라 윈프리.

8. 겸손 Humility : 겸손을 보이는 것은 어려운 일이다. 겸손은 성장과 우정을 낳는다.

9. 감사 Gratitude : 어떤 방식으로 표현하든 감사를 주고받는 것은 일상속의 위대함의 핵심 요소다. 성실성과 겸손을 동반하는 경우가 많다.

10. 비전 Vision : 실제 창조되기에 앞서 이루어지는 마음속의 창조. 다른 사람이 보지 못하는 기회를 찾는 데 도움을 주고, 미래의 방향을 가르쳐준다.

11. 혁신 Innovation : 고통, 불안, 슬픔, 의욕 상실을 가져올 수도 있고, 큰 기쁨, 만족, 즐거움을 가져올 수도 있다. 하지만 혁신에는 치러야 할 대가가 있다.

12. 고품질 Quality : 최상의 결과를 좋아하지 않는 사람이 있을까? 하지만 치러야 할 대가가 있다.

13. 존중 Respect : 관심을 기울이고 존중해줌으로써 삶의 활력을 얻고 성공한다.

14. 공감 Empathy : 귀는 물론 눈과 마음으로 들을 때 상대방을 인정하고 존중하게 된다.

15. 단결 Unity : 하나가 되는 것을 의미한다. 하지만 반드시 동일함을 의미하지 않는다.

16. 순응 Adaptability : 어려운 상황에 순응하고 역경을 기회로 이용할 수 있는 능력은 일상 속 위대함의 시험대다. 슬픔을 창조적으로 이용하는 사람은 더 큰 신념을 얻는다.

17. 대범함 Magnanimity : 기초가 되는 것은 풍요의 심리와 내적 안정감이다.

18. 끈기 Perseverance : 우리가 삶에서 극복해야 할 가장 큰 장애요소 두 가지는 '실패'와 '지치는 것'이다. 끈기는 이것을 극복하는 것, 고난과 지루함을 견뎌내는 것이다.

19. 균형 Balance : 소중한 사람이나 즐거움을 주는 사람에게 쓸 시간은 항상 부족하다. 사람들은 보다 균형잡힌 삶을 찾는다. 시간에 쫓기느라 삶을 즐길 여유가 없다.

20. 단순함 Simplicity : 현명한 사람은 삶을 단순하게 하는 것의 중요성을 알고 있다. 하지만 단순함은 생각보다 어려운 목표다.

21. 새롭게 하기 Renewal : 바쁜 일상과 삶의 혼란 속에서는 나를 위한 휴식처가 필요하다.

가치는 당신이 소중하게 여기는 모든 것을 의미한다. 위의 가치들은 우리가 살아가는 다양한 삶의 순간 속에서 행동 방향을 정해주는 기준이 된다. 가치 중에 내 인생에 세 가지 중심적 가치를 선택하자. 그리고 그것을 삶의 주요 원칙으로 삼아라.

무수한 선택을 하며 하루하루를 쌓아가는 것이 삶이다. 수많은 선택들은 서로 인과관계로 얽혀 있어 어떤 일이 벌어질지 모른다. 지구 반대편 작은 나비의 날갯짓이 우리집 앞 허리케인으로 오는 나비효과는 분명히 존재한다. 그러니 내 인생의 기준이 되는 세 가지 원칙을 정하면 내가 원하는 나비효과를 만들어낼 수 있다.

부를 누리고 싶다면
부에 대한 가치관부터 세워라

이 과정은 나만의 가치관을 정립하는 것이다. 가치관이 옳은 결정을 만들고, 옳은 삶을 창조한다. 분명한 가치관을 갖고 이에 따른 행동을 실천하는 사람은 자기 자신을 넘어 사회를 이끌 가능성이 높다.

우리가 인생에서 진정한 부와 성공을 누릴 수 있는 중요한 방법은 내 인생에서 의미 있다고 생각되는 것이 무엇인지 알고 그 중 우선순위를 파악하는 것, 그리고 하루하루 그 원칙에 따라 살아나가는 것이다. 이런 모습으로 살아가는 사람들이 흔하지는 않다. 어떤 사람들은 나에게 무엇이 가장 중요한지 생각해보지도 않는다.

가치관이 불분명하면 인생의 중요한 선택 앞에서 아무 결정도 내릴 수가 없다. 결정이 곤란한 상황의 내면에는 그 상황에서 명확한 가치관의 부재일 가능성이 높다.

인생에서 중요한 결정은 결국 자신의 가치관에 따라 매듭지어진다. 자신의 가치관과 행동이 일치한 삶을 살아가는 사람들은 존경받는다. 힘이 있고 진실한 사람이 된다. 오래오래 행복한 삶을 산다. 하지만 대부분의 사람들은 가치관이 명확하지 않기 때문에 결단하기가 어려운 것이다.

참으로 안타까운 사람은 누가 봐도 목표를 이루었지만, 정작 본인은 "이게 다야?" 라고 말하는 사람이다. 목표만 이루었지 마음이 원하는 소망은 이루지 못한 것이다. 마음이 정말 중요하게 생각하는 가치 실현은 외면당하고 무시당한 것이다.

미친 듯이 도전한 목표가 달성된 뒤에 이런 허무함을 느껴본 적이 있는가? 진정한 가치관이 없으면 삶에서 큰 고통이 따른다. 스스로를 좌절과 자멸의 길로 인도할 것이다. 혼자서 끙끙거리며 허무와 무료함으로 가득 찬 불행을 겪을 것이다.

반대로 나만의 가치관을 알고 이에 따라 살아간다면 지금 이 순간이 내 인생의 터닝포인트가 될 수 있다. 그리고 더 선명하고 기운이 넘치는 모습으로 살아갈 수 있다. 가치와 행동이 일치된 모습으로 주변 사람들에게도 선한 영향력을 미칠 수 있다. 결국 나의 행복과 삶에 대한 만족도는 100점 만점이 될 것이다. 높은 만족도는 더 넓고 큰 성취로 이어지고 큰 부를 이루는 시금석이 될 것이다.

마음의 소리에 응답하라

: 강렬히 열망하는 것을 상상하고 구체화하라

즐거운 점심시간이다!

3초 만에 먹고 싶은 것을 떠올려보자. 떠오르는가?

주말에 볼 영화를 예매해야 한다!

3초 만에 보고 싶은 것을 떠올려보자. 떠오르는가?

누군가는 쉽게 답하고, 누군가는 어렵게 답할 것이다.

자신이 원하는 것을 명확하게 아는 사람은 50%는 행복한 사람이다. 성공은 원하는 것을 '아는 게' 50%이고, '하는 게' 50%이다. 자신이 하고 싶은 것을 구체적으로 말할 수 있고 그것을 할 수 있는 사람은 앞으로도 '행복할' 사람이다.

우리는 평생 수많은 일을 하면서 살아가지만 원하는 것을 하면서 살아가는 비율은 몇 퍼센트 일까?

원하는 것과 하는 것의 싱크로율이 높아질수록 삶이 행복해지는 것이 아닐까?

먹고 싶은 것을 물었을 때 '아무거나' 라고 대답하는 사람들이 있다. 이유는 두 가지가 있다.

첫째는 '특별히 먹고 싶은 것이 없어서' 다.

둘째는 '먹고 싶은 것이 있지만 배려를 핑계로 자신의 욕구에 충실하지 못해서' 다. 그런데 이것이 반복되면 욕구 불감증이 걸린다. 여기서부터 문제가 된다. 욕구 불감증이 심화되면 메뉴 선택 장애가 일어난다.

이런 비슷한 현상이 인생에 중요한 결정에도 일어난다면 어떨까?

선택 장애를 가지고 평생을 살아간다면 그 사람의 삶은 어떻게 될까? 음식도 원하는 것을 결정하지 못하는데, 하물며 내 행복을 위한 메뉴는 어떻겠는가?

마음의 소리는 마음의 센서다. 센서는 행복 탐지기다. '삐~' 하고 소리가 나면 그곳에 행복이 있다는 신호다. 마음의 소리와 마음이 아닌 소리를 구분하는 것이 중요하다. 다른 사람의 마음의 소리를 잘 읽으면서 내 마음의 소리에는 집중하지 못하고 있는가? 내 소리를 집중해서 듣는 연습을 하자. 그 소리를 존중하자. 달래주고 우쭈쭈 해주며 내 마음을 보살피자.

내가 원하는 것인가, 남이 원하는 것인가?
내 마음의 진짜 목소리는 무엇인가?

언제부터인가 타인이 정해주는 음식, 타인이 골라주는 옷, 타인이 강력 추천하는 일을 선택하여 살아오지 않았나?

타인의 생각에 너무 민감하지 않았나?

자신의 깊은 마음의 소리를 존중하고 있는가?

정말로 좋아하는 일을 하고 있는가?

못 하고 있다면 왜 못 하고 있는 것일까?

'마음의 소리'를 듣는 귀가 없다면, 혹시 나에게 '착한 아이 콤플렉스'가 있는지 살펴보자. 우리는 성장 환경에서 안전을 담보로 우리의 선택권을 반납하며 자라왔다. 가정에서는 엄마 아빠를 기쁘게 하기 위해 선택했다. 학교에서는 선생님을 기쁘게 하기 위해 선택했다. 성인이 되고 나면 상사를 기쁘게 하기 위해 선택했다. 그것이 안전하기 때문이다. 그러다보니 자신의 특별함과 감정을 다루는 데 익숙하지 못하고 타인의 감정이나 생각들에 민감하게 반응하는 센스가 계발되었다. 하지만 마음 한켠에 회의감과 공허함이 공존하는 것은 왜일까?

차분하게 자신의 마음과 대화를 해보자. 남들은 아름다운 마블링의 특등급 한우를 추천하지만 내 마음은 잘 숙성된 이베리코 생삼 겹살을 원할 수도 있다.

'마음의 소리'가 잘 들리지 않는다면, 남의 결정을 내 결정으로 착각하고 있지 않은지 재점검해보자. 먹고 싶은 음식, 보고 싶은 영화를 넘어서 명품 백, 명품 시계, 자동차, 집, 학교, 직장, 직장, 사업까지 전반적인 체크를 해보자. 내 결정은 내가 원하는 것으로 결정해야 한다. 남의 결정에는 행복이 없다. 타인이 해준 추천에는 만족이 없다. 내 마음에 기초를 둔 결정이 행복이다. 타인의 시선을 너무 의식한 나머지 타인의 생각과 목표, 사고방식에 따라 선택을 해온 것이 지금 내가 힘든 원인이 될 수 있다.

사람들은 저마다 자기 자신에게 집중하기도 바쁘다. 90%는 자기 삶에 집중하고 가끔 10%는 가십거리로 남 얘기를 한다. 그런데 우리는 그 10%를 지나치게 염려하고 걱정하면서 우리 삶의 소중한 부분을 낭비하고 있는 것이다.

《부의 법칙》의 저자 캐서린 폰더도 "성공한 이들을 만나보면, 대부분 자기 인생에서 최고와 최선을 강렬히 열망하는 사람들임을 알 수 있다. 열망하는 내용을 글로 적어라. 열망하는 내용과 실현 계획을 지면에 옮김으로써 마음속 열망은 더욱 명료해진다"라고 충고하였다.

마음의 소리를 듣지 못하게 하는
진짜 걸림돌을 찾아라

마음의 소리는 듣는 데 머뭇거리게 하는 걸림돌이 있을 수도 있다.

첫째, 무결정 상태

마음이 원하는 것을 결정하지 않은 것이다. 하고 싶은 일은 누군가를 위해서 포기하고 살아가는 상태이다. 하고 싶은 것을 하고자 하는 용기가 없어 체념하고 살아가는 상태다. 그래서 결정을 회피하고 살아간다. 원하는 모습에 이르지 못하는 중요한 원인이다.

둘째, 무감각 상태

사회와 학교의 프레임을 존중한다. 그래서 하면 좋은 것들, 해야 할 것들, 그나마 이렇게 하는 게 더 바람직한 것들에 집중한다. 자신의 생각보다는 타인의 신념이나 사고방식에 순종한다. 결국 자신의 갈망에는 무감각해지는 상태가 된다.

셋째, 두려움 상태

노예의 상태다. 생계에 대한 걱정이다. [하고 싶은 일 추구 = 생계를 꾸릴 수 없음] 공식이 성립하는 것이다. 두려움은 가장 현실적인 답변이지만 가장 효과적인 핑계가 된다. 강력한 감옥이다. 80% 이상의 사람들이 감옥에 갇혀 있다. 평생 탈출하지 못하는 경우도 많다. 임종을 맞이할 때 '다시 태어나면 하고 싶은 일을 하며 살아야지' 라고 지난 삶을 후회하며 다음 생애를 다짐하는 경우도 많다. 두려움은 눈에 보이지 않는 강력한 족쇄다.

설계도 없는 건축물은 없다. 추구하는 열망이 없는 설계도는 없다. 유럽의 벨베데레 궁전을 짓기 위해서는 그에 맞는 설계도가 필요하고 미녀와 야수가 사는 궁전의 건축물에는 그에 맞는 설계도가 필요하다.

그러니 우선 우리는 내 마음이 추구하는 열망을 알아야 한다. 그리고 그 열망의 설계도를 만들어야 한다. 그 열망의 건축물을 만들어야 한다. 주의할 점은 다른 사람의 건축물만 따라 해서는 결코 동일한 건축물을 만들 수 없다는 점이다. 남과 똑같은 건축물을 만들 필요도 없다.

다른 사람의 설계도를 만족시켜서는 나의 설계도를 그릴 수 없다. 나의 설계도는 내 마음을 만족시킬 때 그릴 수 있다. 나만의 건축물이란 남들이 원하는 것이 아니라 마음의 소리를 기반으로 스스로 판단한 것이어야 한다.

지금까지와 180도 다르게 산다고 해서 다 좋은 것은 아니다. 그만큼 책임이 따를 것이다. 다소 신중한 통찰과 고민이 필요할 것이다.

하지만 삶의 자존감과 행복감은 선택에 따르는 책임을 인지하고 대가를 지불했을 때 얻는 열매와 같은 것이다. 그러한 과정 없는 열매는 공허할 뿐이다.

부모님이 사다준 딸기보다 내가 아르바이트를 해서 사먹는 딸기가 더 달콤하고 의미 있는 딸기가 될 수 있다.

부자 공식 실천 TIP

마음의 소리를 알아듣는 연습

마음의 소리가 들리지 않는 이유는 오랫동안 내가 원하는 일이 아니라 남이 원하는 일에 묻혀서 살아온 습관이 마음의 소리를 막아버린 탓이다. 그러나 많은 연구에서 어지간한 습관은 한 달 정도 노력하면 새로운 습관으로 대체 가능하다는 결과가 있다. 마음의 소리를 들을 수 있는 새로운 습관의 첫 번째 고리를 작성해보자.

〈마음의 소리에 응답하기〉
시간을 가지고 충분히 상상하면서 다음을 작성하라. 심장이 원하는 것과 완전히 일치하는 이상적인 부의 모습을 그리는 것이다. 이미지의 형태로 세세하게 묘사하자.

응답하라! 내마음!

1	
2	
3	
4	
5	
6	
7	

더 행복한 인생을 위해 중요하다고 생각하는 영역을 스스로의 기준으로 7가지로 나누어 보자. 중요한 부분을 나누어 보는 것은 균형잡힌 삶을 살아가는 데 큰 도움이 된다. 무지개 빛 내 인생을 상상하면서, 즐겁게 작성해보자~ ♬

주의할 점은 스스로 제한하지 않는 것이다. 가능할지 걱정하지 말라. "난 돈이 없기 때문에 이건 불가능해"라고 말하면서 자신을 방해하지 말라. 마음속에 생생하게 상상해보라. 자신이 써놓은 것들을 매일 다시 보라. 써놓은 그림을 매일 상상하라. 그러면 당신의 잠재의식은 그 그림에 집중하게 될 것이다.

구 분	도움이 되는 질문들	작성하기
재정적인 영역	꿈꾸는 연봉은/현금자산/저축액/투자액/총 순자산/당신의 집은 어떤 모습인가? 위치? 전망? 어떤 마당과 경치? 벽의 색? 가구? 방에 있는 그림들? 당신의 완벽한 집을 거닐면서 모든 세부사항을 채워보라. 어떤 종류의 차를 운전하고 있는지, 어떤 중요한 물건을 소유하고 있는지 상상해보라.	
이상적인 직업또는 경력	당신은 어디서 일하고 있는가? 어떤 일을 하고 있는가? 누구와 함께 일하고 있는가? 어떤 종류의 고객들 또는 단골 고객들이 있는가? 어떤 보상을 받는가? 당신 자신의 사업인가? 등	
기분 전환 여가시간	가족이나 친구들과 여가시간에 무엇을 하고 있는가? 어떤 취미생활을 추구하는가? 어떤 종류의 휴가를 보내고 있는가? 즐기기 위해서 무엇을 하나? 등등.	
신체적 건강	균형 잡혀 있고 아름다운가? 아무런 질병도 없는가? 얼마나 살 수 있을 것 같은가? 개방적이고 긴장이 풀린 상태에 있는가? 활기가 넘치는가? 강한 만큼 유연하기도 한가? 운동을 하는가? 건강에 좋은 음식을 먹는가?	

인간관계 가족& 친구	가족과의 관계는 어떤가? 누가 당신의 친구들인 가? 친구들과의 관계의 질은 어떤가? 그러한 우정 은 어떤 느낌의 것인가? 그들은 애정이 깊고, 든든 하고, 힘이 되는가? 어떤 일을 함께 하고 싶은가?
개인적인 영역	학교에 다니는 모습인가? 연수를 받고 있고, 과거 의 상처를 치유하고 있고, 영적으로 성장하고 있 는가? 명상을 하는가? 교회를 다니는가? 악기 연주나 자서전을 쓰는 방법을 배우고 있는가? 마라톤을 하거나 예술 수업을 받고 있는가? 여행하 고 있는가?
지역사회 경력	어떤 지역사회에서 살고 있는가? 어떤 종류의 지 역 사회 활동을 하고 있는가? 어떤 자선을 행하고 있는가? 사람들을 돕기 위해서 무엇을 하고 있는 가? 이 세상을 더 나은 곳으로 만들기 위해 무엇을 하고 있는가? 누구를 돕고 있는가?

참고:잭 캔필드, 석세스 프린서플 중에서

⑥

재물은 이미 당신 안에 있다

: **마음이 사랑하는** 일을 찾아라

"만나서 반갑습니다. 혹시 무슨 일 하세요?"

"네, 저는 변호사입니다."

"좋아하는 일을 하셔서 좋으시겠어요?"

"글쎄요……."

"반갑습니다. 무슨 일 하세요?"

"공무원이요."

"업무는 어떠신가요? 만족하시나요?"

"글쎄요. 그냥 하는 거죠."

자문해보자. 당신은 지금 하고 있는 일을 좋아하는가? 사랑하는 일인가? 답변은 다양할 것이다. 1초 만에 "맞아!"라고 대답할 수 있다면 당신은 행운아일지도 모른다.

버진그룹 회장 리처드 브랜슨은 다음과 같은 화두를 던졌다.

"우리는 인생의 80%를 일하면서 보낸다. 우린 퇴근 후에 재미를 찾으려 하는데, 왜 직장에서 재미있으면 안 되는가?"

세계적인 동기부여가 브라이언 트레이시는 다음과 같이 말했다.

"성공한 사람들의 공통점은 자신이 진정 좋아하는 일을 한다는 것입니다. 자신의 일을 좋아합니다. 성공하기 위해서는 좋아하는 일을 하고 그걸로 돈을 벌어야 합니다. 좋아하는 것을 찾게 되면 거기에서 에너지를 얻고, 성취 동기를 얻고 깊이 빠지게 됩니다. 태어날 때부터 해야 했던 일일 겁니다. 자수성가한 사람에게 무슨 일을 하는지 물어보면 '저는 일해본 적이 없어요. 좋아하는 일을 할 뿐이죠'라고 할 겁니다. -Better Life Seminar 중에서

"행복으로 가는 열쇠는 ＿＿＿＿＿＿＿＿ 에 있다." -토머스 J. 스탠리

빈 칸에 들어갈 답은 '좋아하는 일', '사랑하는 일'이다. '내 영혼이 응답하는 일', '내 마음을 쏟아 부을 수 있는 일'이다.

부자들은 자신이 좋아하는 일을 평생 하면서 살아가도록 인생을 설계했다. 행복한 사람들은 자신이 사랑하는 일을 평생 하면서 살

아가도록 인생을 설계했다. 행복한 부자 인생은 내가 사랑하는 일을 찾아 그 위에서 목표 설정을 하는 데서 시작된다. 그러면 당신은 이렇게 대답할지도 모른다.

"현실적으로 쉽지 않아요!"

그러나 실제로 그렇게 살아가고 있는 사람은 많다. '현실의 장벽'이라는 핑계와 내 마음속 두려움이 그것을 막고 있는 것이다. 설령 실제로 어렵더라도 그것을 추구하면서 사는 자세가 중요하다.

싫어하는 일로 행복할 수 있을까?
지루해하는 일로 성공할 수 있을까?
지긋지긋한 일로 부자가 될 수 있을까?

미국의 권위 있는 학자 로버트 스턴버그 교수는 "창의적인 사람은 자신이 선택한 일을 사랑하는 사람이며, 이는 그들의 인생에서 성공할 수 있도록 한 주된 요인 중 하나다"라고 했다. 지금 싫어하는 일을 하고 있다면 5년 뒤, 10년 뒤에는 좋아하는 일을 하며 살아갈 수 있도록 계획하고 준비해가면 된다. 1년 뒤는 어렵지만, 5년 뒤, 10년 뒤는 가능하다. 그 과정도 행복하고 결과도 행복하다.

《백만장자 마인드》의 저자 토머스 J. 스탠리는 20년간의 연구 끝에 "백만장자의 46%가 아주 중요한 성공 요인으로 일에 대한 사랑을 꼽았으며 40%가 중요한 요인이라고 대답했다"고 하면서, "백만장자들은 직업을 제대로 선택할 줄 안다. 그들은 자신들에게 커다란 부를 안겨줄 일을 선택한다. 많은 경우 바로 그 일이 그들이 가장 사랑하는 일이 된다. 기억해둘 것은, 만약 당신이 하고 있는 일을 사랑한다면, 당신의 생산성은 아주 높을 것이며 창의적인 천재성이 유감없이 발휘되어 당신만의 독특한 모습을 드러낼 것이라는 점이다.

성공하고 싶다면, 네가 정말 좋아하는 일을 선택하라. 자신들이 선택한 일이 헌신과 긍정적인 마음을 끌어낼 수 있을 때, 사람들이 자신의 삶을 얼마나 멋지게 살아가는지를 보는 것은 경이로운 일이다"라고 말했다.

당신은 어떤 일을 좋아하는가? 그곳에 힌트가 있다. 그것이 열쇠다. 그 열쇠를 찾아서 그 일을 하는 것이다. 그리고 그 일로 돈을 버는 것이다. 좋아하는 일을 평생 하는 것은 일이 놀이가 되는 것이다. 자발적으로 일을 하고 배움에 거침이 없으며 적극적인 탐험을 한다. 그것은 인생의 '상행 곡선'을 타는 것이다. 따분하고 지루한 일을 하며 끌려다니며 인생을 살아가는 것은 '하행곡선'을 그릴 가능성이 높다. 그런 삶은 매월 급여일을 위한 현금인출기 그 이상도 그 이하도 아니다.

지속성의 출처는 뜨거운 욕망이다
뜨거운 욕망의 출처는 사랑하는 일이다
사랑하는 일의 출처는 좋아하는 일이다

성공은 [뜨거운 욕망 + 인생의 핵심 목표 + 지속적 행동] 의 결과
이다. 즉 [지속성 = 좋아하는 일]이다. 좋아하니까 오래 할 수 있는
것이다. 초등학교 때 싫어했던 과목 수업은 10분만 지나도 집중력
이 바닥이 나지만, 좋아하는 과목은 처음부터 끝까지 집중했던 경
험을 떠올려 보면 금방 알 수 있다.

지속성 Matrix		
	싫어하는 일	좋아하는 일 사랑하는 일

뚜렷한
핵심목표
(X)
	〈 나포자 〉
	→ 나를 포기한 Life
	→ 지속적으로 하기 힘들다
	→ 성취물의 양과 질이 떨어진다
		〈 안복자 〉
		→ 안 긁은 복권 Life (복권은
		  있는데, 동전이 없는 상태)
		  (좋아하는 일은 하는데,
		  목표가 없는 상태를 비유)
		→ 지속적으로 하기는 쉽다
		→ 이렇다 '할' 성취물이 없다

뚜렷한 핵심목표 (O)	〈 독사자 〉 → 독하게 사는 Life → 지속적으로 하기 힘들다 → 성취물의 양과 질은 훌륭하다	〈 행성자 〉 → 행복도 있고 성공도 있는 Life → 지속적으로 하기 '도' 쉽고 → 성취물의 양과 질 '도' 탁월하다.

→ 부디 독자는 행성자로 살아가길 바란다.

좋아하는 일은 오래 하게 만드는 힘이 있다. 좋아하는 일을 했을 때 성공할 가능성이 높은 큰 이유이다.

좋아하는 일은 당신을 흥분시킨다. 그것을 하는 그 자체로 기분이 좋아진다. 흥분의 감정은 목표 달성을 더 앞당기는 강한 힘을 가지고 있다. 이 에너지는 대부분의 사람들이 힘들어하는 '지속성'을 갖게 하는 원동력이다. 외부에서 간헐적으로 받을 수 있는 동기 부여와 달리 이것은 근원적인 동기 부여가 된다. 만일 당신이 정말 자신의 좋아하는 일을 찾고, 하고, 즐기고 있다면 이미 8할은 성공한 것이다. 사랑하는 일을 하면서 살아갈 수 있는 씨앗을 갖고 있는 것이기 때문이다.

위대한 정치가, 기업가, 과학자, 예술가는 모두 자신의 직업을 사랑했다. 아르바이트나 임시직을 하면서 자신의 직업을 사랑하기는 쉽지 않다. 상대적으로 사랑하는 마음이 적게 마련이다. 생계를 위한 노동일 뿐 자신이 하는 일을 싫어한다고 말하는 경우도 있다. 불가피하게 억지로 해야 하는 일에서 사랑을 찾기란 쉽지 않다. 내가 정말로 사랑하는 일을 하면 깜짝 놀랄 만큼 장시간 일하게 된다. 오래 집중한다. 애정이 없으면 금방 지친다. 오래 할 수 없다.

여기에 중요한 포인트가 있다. 어렵고 힘든 일을 하더라도 사랑하는 일을 한다면 어려움을 극복하고 큰 가치를 창출할 수 있다. 어럽고 힘든 일을 하더라도 사랑하는 사람을 위해 일을 한다면 빨리 높이 성취할 수 있다. 지금 하고 있는 일을 사랑한다면 무보수로 일한다 해도 즐겁다. 그런 일이 내가 진정 사랑하는 일이다.

좋아하는 일을 찾기 위한 질문 6가지

만약 당신이 하고 있는 일이 너무 싫다면 잠들어 있는 세포들을 깨워보자. 차분히 앉아 심호흡을 한 번 하고 좋아하는 일을 찾아보자. 당장 사표를 던지라는 것이 아니다. 좋아하는 일을 하겠다는 '출사표'를 던지라는 것이다.

성공한 사람들의 공통점은 자신의 일을 너무나 사랑한 나머지 무급으로라도 그 일에 헌신할 기세다. 그들은 자신이 사랑하는 일을 하면서 그 일로 생계가 될 수 있는 방법을 찾았다. 그것이 그냥 되었을까? 눈에 보이지 않는 노력이 상당했을 것이다. 그 일을 하기 위해서라면 무엇이든 할 마음가짐으로 임했을 것이다.

찾을 방법은 많다. 지나온 경험에 힌트가 있다. 퇴근하고 하는 일, 주말에 하는 일에 힌트가 있다.

가장 행복했던 순간, 기쁨을 느꼈던 순간, 몰입하는 순간, 주변 사람들에게 찬사를 받았던 순간을 찾아 종이에 써보자. 일단 쓰기 시작하라. 그냥 써보라. 복잡하게 생각하지 말고 그냥 쓰고 또 쓰고 계속 쓰다 보면 종이 위에 떠오르는 것이 무궁무진할 것이다.

질문1) 살면서 가장 기분이 좋았던 순간은 언제였는가?

(예: 다른 친구들이 풀지 못하는 수학 문제를 풀었을 때, 남을 도와주었을 때, 수영 연습을 하다가 처음으로 물에 떴을 때, 처음으로 취업에 성공했을 때 등)

질문2) "벌써 시간이 이렇게 지나갔나?"라고 할 정도로 어떤 일에 몰입하던 순간은 언제였는가?

질문3) 남에게 칭찬이나 찬사를 받았을 때는 언제였는가?

(예: 초등학교 졸업식에서 개근상을 받았을 때, 내가 했던 어떤 일에 대해 긍정적인 피드백을 받았을 때, 남들의 반응으로 인해 나 자신을 자랑스럽게 느꼈을 때 등)

질문4) 내가 생각하는 나의 장점은 무엇인가?

(1~5가지)

질문5) 내가 생각하는 나의 단점은 무엇인가?

(1~5가지)

질문6) 내가 진심으로 존경하는 인물은 누구인가?

(책이나 역사 속의 존경하는 인물, 내 주변의 인물 포함)

→ 위 6가지 질문에 대한 답을 살펴보면 당신이 좋아하고 잘하는 것이 무엇인지, 어떤 가치관을 지향하는지를 큰 틀에서 볼 수 있을 것이다.

출처:댄 자드라, Five중에서-

⑦

메뉴를 구체적으로 정하라

: 구체적 목표를 선택해야 원하는 결과가 있다

"고객님, 메뉴 결정하셨나요? 에피타이저는 샐러드/양송이 수프가 있는데 무엇이 좋으세요? 사이드 메뉴는 고구마/감자/양파튀김이 있는데 어떤 걸로 하시겠어요? 스테이크는 레어/미디움 레어/미디움/미디움 웰던/웰던 중 무엇으로 해드릴까요?"

음식을 주문할 때도 내가 원하는 구체적인 메뉴를 선택하면 만족도가 높아진다. 우리의 삶 속에서도 이러한 구체적인 메뉴를 선택할 수 있다면 만족스럽게 살아갈 수 있다.

소문난 맛집의 비결은 MSG가 아니라, 그 맛집만이 갖고 있는 신념과 손님에게 주고자 하는 가치에 기반한 확고한 'Mind Setting of GoalMSG' 때문이다.

이처럼 행복하고 멋진 삶을 사는 사람들은 목표를 설정할 때 남이 원하는 것이 아니라 자신의 마음과 영혼이 원하는 '그것' 을 찾아 첨가한다.

노트에 정성스레 작성한 나만의 목표 리스트가 있는가? 적지 않아도 머릿속에 다 저장되어 있다고 생각하는가? 나이가 들수록 목표를 작성하지 않는 이유는 목표 설정과 관련한 실패 경험 때문일 수 있다. 유형은 다음과 같다.

실패 경험의 유형

1) 내적 흉터형

과거 목표 달성의 실패는 상처를 남긴다. 과거의 상처가 아직도 흉터로 남아 있다. 자신에게 실망하는 경험은 유쾌하지 않다. 같은 경험을 할 것이라 생각하여 두려운 것이다. 자존감이 낮은 상태다. 잠재의식이 자신을 보호하기 위해 목표를 세우지 않도록 유도한다. 자신에게 실망하는 고통을 느끼지 않도록 두꺼운 방어 장치를 만든다.

2) 외적 통제형

통제 범위를 벗어난 목표를 세워본 경험이 있다. 목표 달성이 다른 사람의 손에 달려 있다. 내 범주에는 목표 달성을 위해서 할 수 있는 것이 없다. 실패한 결과는 고스란히 나의 불행과 연결된다. [성공=행복], [실패=불행] 공식이 성립하는 인생이다. 목표 설정에는 실패와 불행이 따르니 아예 피하는 것이다.

3) 모범 답안형

융통성이 없는 상태다. 스스로 정한 틀에서 벗어난 목표는 인정하지 않는다. 내가 정한 결과치에서 오차가 발생하거나 내가 정한 궤도에서 벗어나는 것은 실패로 치부한다. 오직 앞으로만 달릴 수 있는 말이 벽을 만나 거기서 모든 게 끝나는 형태다. 더 효과적인 길이 있고 효율적인 방법과 더 가치 있는 목표가 있는데도 보려고 하지 않는다.

네비게이션의 맵이 업데이트되지 않으면 과거 비효율적인 길만 고집해서 안내를 하게 된다. 이와 비슷한 경우다. 첫 번째 목표는 시간이 흐르면서 더 건설적인 자극으로 업데이트 될 수도 있다. 처음에 원했던 목표가 실패한 계기로 더 나은 인생으로 연결될 수 있다. 끔찍한 시련 덕분에 더 큰 동기와 영감을 받을 수 있다.

구체적인 목표는 자신을 흥분시키고
신나게 살아가게 하는 비결이다

나폴레온 힐은 이렇게 말했다.

"한 배가 동쪽으로, 다른 배가 서쪽으로 가는 것은 똑같은 바람의 힘에 의하지만, 그들이 가는 방향은 바람이 아닌 돛대가 정한다네."

목표 설정은 한 번뿐인 인생의 선택과 집중을 도와주는 탁월한 도구다. 이 도구는 꽉 잡고 있어야 한다.

삶에서의 성취와 인생에서 풍요는 목표 설정의 수준과 밀접한 관련이 있다. 풍선을 터트리는 사격 게임을 해 본 적이 있는가? 총알이 100개가 있어도 정확하게 조준하지 않으면 선물을 한 개도 받지 못한다.

① **타깃을 찾고** ② **집중해서 사격할** 때 좋은 결과가 있다.

목표 설정은 원하는 타깃을 선택조준하도록 도와주고, 나에게 주어진 총알 100개를 효과적으로 사용하도록 에너지를 집중해주는 역할을 한다. 이러한 목표 설정 도구의 사용 여부에 대해서는 타협이 있어선 안 된다. 사격 선수에게 총이 있고, 양궁 선수에게 활이 있듯이 우리의 삶에서 매우 능숙하게 다루어야 할 전공 필수의 도구인 것이다.

잠재력 발휘와 성취를 돕는 'LMI/SMI 프로그램'으로 유명한 폴 마이어Paul J. Meyer는 "글로 쓴 목표는 표지판 역할을 해준다. 목표 설정이란, 당신의 꿈들을 적어보고 당신의 사고를 명확히 정립하여 그것을 성취하기 위한 최종시한을 정한 후 계획을 발전시켜나가는 것이다. 당신은 어떤 곳에 가고자 하는 사람을 멈추게 할 수 없다. 목표 설정은 당신에게 올바른 태도와 자신감을 갖도록 하여 모든 것을 가능케 한다"고 하면서, "글로 적은 목표는 당신이 가고자 하는 길에서 벗어나지 않도록 표지판 역할을 해주며, 외부의 장애물에 의해 쓰러지지 않도록 당신을 지켜준다"고 조언하였다.

뷔페에 간 어린아이가 되어 즐거운 시간을 가져보자. 내가 평소 먹고 싶었던 음식들이 내 눈앞에 100가지가 있다. 보기만 해도 마음이 충만해진다. 어떤 제약도 없이100% 달성될 수 있는 나만의 목표가 100가지 있다. 달성된 모습을 생각만 해도 가슴 설레는 목표 100가지. 내 필체로 쓰인, 정말로 원하는 목표가 삶을 흥분시키고 뜨겁게 살아갈 힘의 근원이 된다.

패자의 변명은 버려라
진정으로 갈망하는 목표는
내 안의 호랑이를 깨운다

103세에 노환으로 돌아가신 호서대 설립자이자 명예총장 강석규 박사가 95세 때 쓴 글은 우리 마음속의 변명을 반성하게 만든다.

〈어느 95세 노인의 수기〉

나는 젊었을 때 정말 열심히 일했습니다. 그 결과 나는 실력을 인정받았고 존경을 받았습니다. 그 덕에 65세에 당당하게 은퇴를 할 수 있었죠. 그런 내가 30년 후인 95살 생일 때 얼마나 후회의 눈물을 흘렸는지 모릅니다. 내 65년의 생애는 자랑스럽고 떳떳했지만, 이후 30년의 삶은 부끄럽고 후회되고 비통한 삶이었습니다. 나는 퇴직 후 '이제 다 살았다. 남은 인생은 그냥 덤이다'라는 생각으로 그저 고통 없이 죽기만을 기다렸습니다. 덧없고 희망이 없는 삶……. 그런 삶을 무려 30년이나 살았습니다. 30년의 시간은 지금 내 나이 95세로 보면, 3분의 1에 해당하는 기나긴 시간입니다. 만일 내가 퇴직할 때 앞으로 30년을 더 살 수 있다고 생각했다면, 난 정말 그렇게 살지는 않았을 것입니다. 그때 나 스스로가 늙었다고, 뭔가를 시작하기엔 늦었다고 생각했던 것이 큰 잘못이었습니다.

나는 지금 95살이지만 정신이 또렷합니다. 앞으로 10년, 20년을 더 살지도 모릅니다. 이제 나는 하고 싶었던 어학공부를 시작하려 합니다. 그 이유는 단 한 가지…….10년 후 맞이하게 될 105번째 생일날, 95살 때 왜 아무것도 시작하지 않았는지 후회하지 않기 위해서입니다. (출처 : 2008.8.14. 〈동아일보〉)

"저는 능력도 없고 힘도 없어요. 저는 그럴 마음도 없고 동기부여도 안 됩니다. 전 돈이 없어요. 그럴 여건이 못 됩니다……."

패자의 변명은 버리자. 현실 자각의 시간은 잠시 접어두고 '그럼에도 불구하고'의 마음으로 정성스레 목표를 작성해보자. 구체적으로 작성된 목표는 나 자신을 흥분시키고 신나게 살아가게 하는 비결이다. 순수했던 시절 첫 사랑의 마음을 얻기 위해 뜨거웠던 심장을 다시 느껴보자. 좋아하는 선생님께 잘 보이려고 무언가 열심히 했던 눈빛을 다시 살려보자.

이처럼 내가 진정으로 갈망하는 목표는 원하는 열매를 맺기 위해서 내 안에 잠들어 있던 호랑이를 일으켜세운다. 총명한 눈빛으로 깨어 있게 만든다. 목표 달성과 관련된 사건, 정보, 지식, 사람을 더 정확하고 빠르게 인지하도록 도와준다.

내가 진정으로 원하는 인생을 먼지 쌓인 마음 한 구석에 묻어두고 싶은가? 안일한 태도로 더 크고 도전적인 목표를 세우지 않는다면 냄비 속 개구리처럼 끓는물 속에서 천천히 익사하게 될 것이다.

구체적인 메뉴 선택을 위한 TCA-STEP

목표는 에너지다. 목표의 수준이 곧 우리 삶의 수준이다. 마음의 농장에는 우리가 뿌린 씨앗 만큼의 결과를 가져다준다. 지금 우리의 모습은 그동안 뿌린 씨앗의 결과다. 씨앗은 목표의 질과 양이다. 남은 인생이 50년 이상이라면 100가지 목표쯤은 달성할 수 있다. 1년에 2가지 씩만 달성하면 되지 않은가? 안 될 것이 무엇이 있겠는가? 지금 당장 100가지 목표를 작성하고 1년에 2개씩 달성하면 된다.

나를 흥분시키고 자극시키는 목표 메뉴를 정하자. 메뉴를 구체적으로 선택해야 원하는 음식이 나오듯, 목표도 구체적으로 선택해야 원하는 결과가 있다.

지금부터 목표 설정 게임을 시작해보자. 게임의 미션은 그저 내 소망을 담담하게 작성해보는 것이다.

〈나를 상위 1%로 인도하는 Top-Down TCA-STEP Goal Setting〉

[T-STEP : Triple 30 작성]

나만의 드림 리스트를 만들라. 앞으로의 내 삶의 일부가 되었으면 하는 사람, 장소, 느낌을 써라. 아무런 제한도 없다. 그냥 적어 내려가라. 시간에 구애받지 말고 계속해서 펜을 움직여라. 가능한 한 폭넓게 정리하자. 어떻게 달성할지는 고려하지 않는다.

구 분	종류	내용	달성 기간 (년, 개월)
1	하고 싶은 것 30가지	1. 2. 3. : 30.	
2	되고 싶은 것 30가지	1. 2. 3. : 30.	
3	갖고 싶은 것 30가지	1. 2. 3. : 30.	

(범주 : 가족, 일, 인간관계, 정신적, 감정적, 사회적, 물질적, 경제적, 시간적, 신체적)

자신이 만든 목록을 검토하고, 각 목표별로 이룰 수 있는 기간을 예상해보자. 6개월, 1년, 3년, 5년, 7년, 10년, 20년, 30년. 달성 가능 기간을 예상해보자. Triple 300이지만 더 많아도 상관없다. 100개도 되고, 109개도 되고, 111개도 된다. 중요한 것은 최대한 많이 적는 것이다.

[C-STEP : Choice 10]

위 Triple 30 을 참고하여 '향후 1년간 이루고 싶은 목표 10가지' 를 써보자.

구분	날짜 : _____ 년 __월 __일 __요일 이름 : ○○○
1	
2	
3	
4	
5	
6	
7	
8	
9	
10	

[A-STEP : Action 20 작성]

〈핵심 질문〉

'이 목표 중 한 가지를 하루만에 이룰 수 있다면 어떤 목표가 나의 삶에 긍정적인 효과를 미치겠는가?

돈일 수도 있고, 건강일 수 있고, 관계일 수 있다. 한 가지를 선택하자. 나아가 그 한 가지를 이루기 위해서 할 수 있는 일 20가지를 작성해보자. 숫자와 기한이 많이 들어갈수록 좋다.

실천목표	목표명 :	실천완료Victory
1		
2		
3		
4		
5		
6		
7		
8		
9		
10		
11		
12		
13		
14		
15		
16		
17		
18		
19		
20		

위에 적은 것들을 매일 실천한다면 목표는 반드시 이루어질 것이다. 실천을 위

한 세부 계획을 세워서 행동에 옮겨보자. 100% 마무리된 것은 옆에 Victory 라고

쓰자. 작은 성취감을 느낄 것이다.

작은 승리가 모이면 큰 승리를 할 수 있다. 작은 성취들은 자신감의 확대로 이어진다. 1년 단위의 목표 성취는 더 큰 성취를 위한 베이스 캠프가 된다. 한 단계 높은 목표 달성을 위한 힘이 붙는다. 1년 목표이니 반기/분기/월/주간/일 단위의 세부 계획을 세우면 더욱 견고한 실천이 가능해진다.

〈추천: 당근과 채찍〉

당근: Victory 하나당 자신에게 작은 보상을 해주자. 무엇이든 좋다. 떡볶이를 좋아하면 자신에게 떡볶이를 선물하자.

채찍: 당근과 반대로 하면 된다. 당신이 싫어하는 한 가지를 하면 된다.

(출처: 토니 로빈스의 목표 설정 워크샵, 브라이언 트레이시 Better Life 세미나)

⑧

부정적 감정으로 행동력을 만들어라

: 부정적 감정을 실천력에 활용하라

머리로는 아는데 행동을 안 한다. 왜 이런 현상이 생기는 걸까?

목표 설정을 했는데 실천을 안 한다. 왜 자꾸 이러는 걸까?

행동으로 이끄는 힘이 부족하기 때문이다. 특히 목표 설정 이후 초기 행동력이 약해서다. 이제부터 이것을 보완해보자.

행동하게 만드는 종합비타민, 그것은 감정이다. 감정은 행동의 어머니다. 감정이 행동을 이끈다. 행동하고 싶다면 감정을 따라가라. 그러면 행동하게 된다.

감정에는 긍정적인 감정과 부정적인 감정이 있다. 그중에 강력한 것은 부정적인 감정이다. 목석처럼 굳어 있는 나를 움직이게 한다. 부정적인 감정을 목표에 넣어보자. 목표 달성에 힘이 붙는다.

여기서 부정적인 감정이란 정신적인 고통을 주는 감정을 말한다. 적절한 고통은 우리에게 목표를 향해 뛰도록 만든다. 고통의 감정을 활용하는 메커니즘은 [목표 → 가정 → 통감 → 행동] 이다. 다음 두 가지 예시를 살펴보자.

1) **목표**: 원하는 대학에 꼭 가고 싶다.
2) **가정**: 실패했을 때를 생각해보니 온갖 자괴감과 패배감, 열등감, 결핍감이 느껴진다.
3) **통감**: 이런 느낌은 생각도 하기 싫다. 너무 싫다. 고통스럽다.
4) **행동**: 당장 공부에 전념한다.

1) **목표**: 지금의 불만족스러운 삶에서 탈출하고 싶다.
2) **가정**: 평생 이렇게 살아갈 것을 생각해보니 지루함, 무기력함, 낮은 통제감이 느껴진다.
3) **통감**: 생각만 해도 괴롭다. 너무 불만족스럽다. 싫다.
4) **행동**: 당장 새로운 행동에 착수한다.

부정적인 감정을 왜 목표에 넣는지 의아해할 수 있다. 하지만 독사의 이빨에서 나온 독이라도 소량으로 활용하면 탁월한 치료약으로 쓰일 수 있는 것처럼, 부정적인 감정을 적절히 활용하면 목표 달성에 큰 도움이 될 수 있다.

'더 이상 비만으로 살지 않을 거야!' 하며 강력하게 행동하는 사람에게는 수치심, 위기감, 모욕감 등 어떤 형태로든 부정적 감정의 자극이 연결되어 있다. 자신에게 이런 감정을 강렬하게 통감하도록 하면 행동으로 이어진다.

'더욱 더 강력하게 신체 훈련을 할 거야!' 하면서 단호한 행동을 하는 사람의 이면에는 패배감, 열등감, 박탈감, 비통함 등의 불쾌한 감정이 결부되어 있다.

'이제는 무언가 더 나은 일을 할 거야!' 라고 결심한 사람은 뻔한 소득으로 살아가는 평범한 생활에 지루함을 느끼거나 틀에 박힌 생활에 답답함을 느낀 것이다.

지긋지긋하고 진저리가 나는 감정은 마음을 굳게 먹고 행동하게 하는 방아쇠가 된다. 꼼짝 않고 웅크리고 있던 나의 육체를 움직이게 만드는 도화선이 된다.

부정적인 감정이 일렁일 때
그 감정을 목표와 행동으로 강력하게 연결시켜라.

자기경영의 대가 토니 로빈스는 인간의 행동을 이끄는 강력한 감정 10가지를 다음과 같이 소개한다.

1) 불편함: 무언가 잘못되어 있다는 찜찜한 기분. 지루함, 초조함 등의 불편함은 무엇인가가 잘못되어 있다는 메시지를 보내온다.

2) 두려움: 앞으로 일어날 어떤 일에 대비할 필요가 있다는 경고다. 비극적인 일은 대부분의 사람들이 회피하거나 먹혀버린다. 당신은 굴복하거나 최악의 시나리오를 상상하여 더 키운다. 체스 선수나 무술인 사이에는 "실제 공격보다 공격하겠다는 위협이 더 효과가 크다"는 속설이 있다.

3) 상처받았다는 느낌: 이 느낌이 실제로 의미하는 것은 우리의 기대가 충족될 수 없다는 사실이다. 누군가가 약속을 지키지 않았을 때 발생한다. 상대방과의 친밀감이 사라졌다는 기분을 느끼게 되고, 신뢰를 잃어버릴지도 모른다.

4) 화: 분노가 전달하려는 메시지는 자신의 삶에서 중요하다고 여기고 있는 원칙이나 기준이 누군가에 의해 혹은 자기 자신에 의해 침해당했다는 신호다.

5) 좌절감: 사방이 장애물로 막혀버렸다고 느낄 때, 혹은 계속 노력해도 아무런 보상이 주어지지 않을 때 느끼는 감정. 이 느낌은 원하는 것이 있지만 절대로 가질 수 없다는 실망감과는 확연히 다른 감정이다. 좌절감은 긍정적인 신호다. 문제의 해결책이 손에 닿는 범위 내에 있지만, 현재 취하고 있는 조치는 별 효력이 없으니 접근 방식을 바꾸어봐야 한다는 뜻이다. 좀 더 유연해지라는 신호다.

6) 실망감: 빨리 대처하지 않으면 매우 심각해질 수 있다. 이 느낌은 '실망스럽다'는 감정일 수 있고, 얻을 수 없는 어떤 것을 평생 갈망하게 될 거라는 기분일 수도 있다. 자신이 얻을 수 있는 것보다 더 많이 기대했다가 그 결과 슬프거나 패

배감을 느낀다면 이는 모두 실망감에 해당한다. 가장 효과적인 대처방법은 과거에 어떠했던 간에 미래에는 긍정적인 쪽으로 기대감을 갖는 것이다.

7) 죄책감: 최악의 실망감, 죄의식, 후회, 양심의 가책과 같은 감정은 살아가면서 가능한 피하고 싶은 감정이다. 죄책감은 자신이 가장 가치 있게 생각하는 기준을 어겼다는 점, 그리고 이 실수를 되풀이하지 않기 위해서는 지금 당장 어떤 행동을 취해야 한다는 점을 알려준다.

8) 자신이 쓸모없다는 느낌: 자신이 현재 일을 처리할 마땅한 방법을 갖고 있지 않다는 의미이다. 다시 말하면 자료 수집을 더 하고 이해해서 계획을 세우거나 자신감을 더 가지라는 의미다. 당신은 완벽한 존재가 아니며 그럴 필요도 없다는 점을 늘 기억하라. 이 점을 분명히 해두면 자신이 쓸모없다고 느껴지는 순간 지속적인 발전을 향한 노력을 불러일으키게 된다. 특정 분야에서 훈련이나 기술이 부족할 수는 있겠지만, 그 말이 곧 당신이 쓸모없다는 이야기는 아니다.

9) 과도한 중압감: 슬픔이나 우울함, 무기력한 감정은 중압감의 표현이다. 이러한 압박감 뒤에는 현재 자신에게 가장 중요한 것이 무엇인지 다시 한번 생각해보라는 메시지가 숨어 있다. 이 감정을 느끼는 이유는 한 번에 너무 많은 일을 해치우려 하며, 하룻밤 사이에 모든 것을 다 바꾸어 놓겠다며 덤벼들기 때문이다. 다른 어떤 감정보다 삶을 파괴한다.

10) 외로움: 다른 사람들과의 관계를 맺는 일이 필요하다는 것이다. 우선 자신이 다른 사람에게 손을 내밀어 관계를 형성함으로써 종지부를 찍을 수 있다는 사실을 자각해야 한다. 자신에게 관심을 가져주는 사람들은 어디에나 있다.

위에서 말한 부정적인 감정들은 우리가 활용해야 할 감정들이다. 부정적인 감정은 고통이다. 우리의 마음은 고통을 피하도록 설계되어 있다. 고통을 피하는 방향으로 행동하게 된다. 행동을 강하게 이끄는 것이 고통의 감정이기 때문에 이것을 목표 달성에 활용할 필요가 있다. [목표 달성 실패 = 부정적인 감정]으로 연결하면 더 강력한 행동력이 생긴다.

부정적인 감정의 위치도 중요하다.

A) 다이어트를 하는 것은 고통스럽다.
  하지만 뚱뚱한 채로 살아가는 것은 더 싫다.
B) 뚱뚱한 느낌으로 사는 것은 고통스럽다.
  그런데 다이어트를 위한 노력은 더 싫다.

A) 공부하는 것은 고통스럽다.
  하지만 원하는 대학의 졸업생이 아닌 채로 사는 것은 더 싫다.
B) 원하는 대학을 못간 채로 살아하는 것은 고통스럽다.
  그런데 공부하는 건 더 싫다.

A와 B 중에 어떤 사람이 다이어트에 성공하고, 대학 입학에 성공하겠는가?

부정적인 감정 활용 메카니즘	
행동 '안' 하게 만드는 감정	행동 '하' 게 만드는 감정
다이어트를 하는 것은 '힘들다'	뚱뚱한 채로 살아가는 것은 '더' 힘들다
공부하는 것은 '싫다'	원하는 대학에 못 들어가는 것은 '더' 싫다
운동하는 것은 '고통스럽다'	허약한 모습으로 살아가는 것은 '더' 고통스럽다
〈부정적 감정의 위치에 따라, 행동이 달라진다〉 1단계(목표) : 살을 빼겠다고 목표를 세운다. 2단계(가정) : 부정적인 감정을 신중히 선택 한다. 　　　　(다이어트를 하는 것은 힘들다 -〉 뚱뚱한 채로 살아가는 것은 '더' 힘들다) 3단계(통감) : 뚱뚱한 채로 살아가며 '고통' 받는 모습을 상상한다. 4단계(행동) : 상상한 고통을 '피하기' 위해 행동한다.	

뒤에 오는 고통이 더 상위의 고통, 더 강력한 고통이다. 그곳에 내 목표 달성을 도와주는 힘이 있다. 추구하는 목표를 달성하지 못했을 때 느끼는 고통에 초점이 맞춰져 있는 사람은 성공한다.

고통의 위치가 생산적인 방향으로 정렬되어야 한다. 행동하지 않으면 고통스러워질 것을 통감해야 한다. 행동하지 않으면 나쁜 결과가 나올 것이고, 부정적인 감정을 느낄 것이다. 그 감정이 마음속에 각인될수록 좋다. 그 고통을 미리 통감할수록 행동하게 된다.

즉 사람이 변화하려면 더 큰 고통의 위치를 바꾸면 된다. 내 목표에 도움이 되는 더 큰 고통으로 생각을 이동하면 된다. 그리고 그 고통을 활용해서 나를 움직이게 하는 마중물로 활용해야 한다. 삶의 궤도를 바꾸기 위해서는 감정이 주는 [고통]이라는 스위치가 도움이 될 수 있다. 그 스위치를 목표 설정에도 적용해 보자.

고통을 적극 활용하여
나를 움직이게 하는 동력으로 써라
감정은 행동을 위한 특효약이다

젊은 슈퍼리치 알렉스 베커는 이렇게 말한다.

"대다수의 사람들은 극심한 정신적, 육체적, 감정적 고통을 겪지는 않는다. 사실 사람이 바뀐다는 것은 엄청난 고통이다. 그래서 바뀌기가 힘들다. 정말, 고통, 분노, 두려움, 질병 등 외부 요인으로 고통받지 않는 한, 사람은 대개 죽을 때까지 컴포트 존, 즉 편안함을 느끼는 영역에 머무른다. 이는 사람들이 행복하지 않은 상황에 안주하는 이유며, 보통 중산층이 계속 중산층에 머무르는 이유다."

알면서도 실천하지 않는 이유는 지금 상태가 크게 나쁘지 않기 때문이다. 특히 애매하게 편안하고 애매하게 좋은 환경에 있는 사람은 안주하기 쉽다. 무의식이 안전지대에 있으니 행동하지 말라는 명령을 내린다. 그럴수록 지금의 상황이 지긋지긋해져야 변화가 있다. 지금처럼 사는 것이 너무 고통스러워서 더 이상 견딜 수 없고 스스로 한계라고 느낄 때 변화가 있다.
감정은 강력한 동기 부여다. 행동을 위한 특효약이다. 자신이 쓸

모없다는 느낌이 싫으면 실력을 키우는 행동을 해야 한다. 외로움이 싫으면 새로운 사랑을 찾는 행동을 해야 한다. 그 행동을 통해 궁극적으로 즐거움을 얻어야 한다.

이처럼 감정이 주는 고통은 본능적으로 행동을 촉구한다. 행동은 고통을 즐거움으로 연결해주는 다리다. 행동을 안 하게 만드는 고통이 있고, 행동을 하게 만드는 고통이 있다. 다이어트 때문에 먹고 싶은 음식을 안 먹고 참는 것은 고통이다. 뚱뚱하게 살아가는 것도 고통이다. 어떤 것이 우리에게 도움이 되는 고통일까?

고통스러운 감정의 위치를 조정하자. 변화하는 것에 고통을 느끼는 것이 아니라 변하지 않는 것이 오히려 더 고통스러운 것으로 마음을 설정하자.

부자 공식 실천 TIP

부정적 감정을 초기 행동력으로 연결하는 연습

우리를 건설적으로 행동하게 만드는 고통을 선택하자. 행동력을 만드는 부정적인 감정을 선택하자. 행동을 이끄는 감정을 선택하자.

그러기 위해서는 목표를 이루지 못했을 때 지불할 대가를 명확하게 인지해야 한다. 현재 느끼고 있는 부정적인 감정을 표면 위로 끌어올려야 한다. 목표 설정 이후 초기 행동력을 제고하는 작업을 진행해보자.

⟨나의 목표에 행동력과 지속력 장착하기 I⟩

1) 손해 리스트(고통의 포인트를 건설적인 방향으로 재설정하자)

	1) 목표 또는 행동 없이 미루어 온 일 (예 : 다이어트, 운동, 연애 등)
내용(대가나 비용)	
감정 종류 연결	

	2) 목표를 이루지 못하였을 때 2~5년 후 얻게 될 대가 (예 : 경제적 상태, 자신감 정도, 신체적 건강 상태, 인간관계 상태 등)
내용	
감정 종류 연결	

	3) 과거 행동하지 않고 미루어와서 얻었던 부정적 결과 (예 : 과식, 게으름, 나태함 등)
내용(대가나 비용)	
감정 종류 연결	

2) 싫다 리스트(부정적인 감정은 행동 촉발의 폭약이다)

	"더 이상 이렇게 살기는 너~무 싫다!" "~~하는 건 싫은데, ~~하는 건 더 싫다!" 하는 항목들	**감정 종류 연결**
1		
2		
3		
4		
5		

(예 : 중압감, 좌절감, 화, 불안감, 고독, 권태감, 비참함, 비통함, 자괴감, 불편함, 상처받은

느낌, 실망감, 죄책감, 상실감, 허탈감, 무능감, 외로움, 패배감, 열등감, 박탈감, 수치심, 모욕감, 모멸감, 구속감, 결핍감 등)

3) 극복 리스트

질문	답변	비고
두려움 때문에 미루고 있는 일은 무엇인가?		목표, 도전 등
구체적으로 무엇이 두려운가?		솔직하게 작성
나에게 일어날 최악의 시나리오는 무엇인가?		어떤 상황 어느 정도 수준 발생할 확률
그 상황에서 벗어날 방법은?		탈출 가능성 회복 가능성 회복(버팀) 시간
두려움에 대한 나의 생각		긍정적인 면은? 부정적인 면은? 통제 가능한 것일까? 실제일까? 생각일까?

⑨

행동의 지속력을 만들어라

: **긍정적인 감정을 통해** 계속 실천하게 만들어라

헬스장 1년 정기권을 끊었다. 몇 번을 갈까? 6개월이 지나도 처음처럼 다닐까?

서점에 가서 당당하게 책 5권을 샀다. 한 달 뒤에 얼마나 읽었을까? 3개월 뒤에는?

야심찬 목표와 치밀한 계획을 세우고 일단 '시작만' 했던 경험이 있는가? 시작이 반이라 해서 일단 시작했었다. 그런데 나머지 반은 영원히 채워지지 않는 것이 문제다. 반쪽 목표 인생이 된다. 목표 달성은 안개 속으로 사라진다. 어디로 갔을까?

야무지게 시작은 했는데 지속되지 못하는 경험을 누구나 한 번쯤은 한다. 지속하게 만드는 것이 무엇일까? 어떻게 하면 지속력 있는 행동을 장착할 수 있을까?

머릿속에 있는 목표와 계획을 현실로 만드는 것은 오직 꾸준한 행동뿐이다. 알고는 있지만 쉽지 않다. 그래도 답은 있다. 행동을 지속하게 만드는 힘은 '긍정적인 감정'이다. 긍정정인 감정으로 채워진 당위성들은 충분한 이유가 된다.

위대한 감정은 위대한 행동을 만든다. 위대한 행동이 위대한 결과를 만든다. 사랑, 성취, 인정, 나눔, 기여, 자아 실현 등이다.

누군가를 간절하게 사랑해본 적이 있는가?

어떤 일을 지극히 사랑해본 적이 있는가?

온몸에 전율을 느끼는 승리를 맛본 적이 있는가?

누군가에게 도움이 되었을 때 큰 기쁨을 느껴본 적 있는가?

그때의 행동력과 지속력을 기억하는가?

'고기도 먹어본 사람이 먹는다'는 말이 있다. 등산의 참맛을 모르는 사람은 "어차피 내려올 산을 왜 올라 가는 거지?" 라고 생각할 수 있다.

산악인이 추구하는 맛이 있다. 진정한 낚시꾼이 추구하는 손맛도 있다. 위대한 성취가가 추구하는 맛도 있다. 프로 운동선수가 추구하는 맛도 있다. 목표를 향해 끝없이 행동하게 만드는 그 맛은 분명히 있다. 그것은 감정이다. 그 행동을 통해 궁극적으로 맛보고 싶은 어떤 감정이 있다. 그 중에서도 우리의 목표 달성에 도움이 되는 것은 동기 유발의 감정이다.

부정적인 감정으로 초기 행동력을 만들고 긍정적인 감정으로 행동의 지속력을 만들어라

전미 연설협회 최고 영예상을 포함하여 역사상 가장 영향력 있는 강사로 꼽히는 짐 론Jim Rohn은 "당신에게 꼭 부자가 되어야 할 분명하고도 명확한 이유가 없다면 그런 책을 읽거나 시간을 들여 CD를 듣는 일은 없을 것이다. 인간은 필요해야 무언가 궁리하는 속성을 지니고 있다. 늘 기억하라. 항상 충분히 이유를 먼저 찾고 그 결과를 구하라"라고 충고하면서, 부를 얻기 위한 동기 유발 요소를 다음과 같이 정리하였다.

1) 인정: 노련한 영업 관리자들은 물질적 보상보다 인정받기 위해 노력하는 사람들이 있음을 알게 되었다. 크든 작든 모든 성취를 인정하는 이유가 여기에 있다. 인정은 일종의 자기 가치에 대한 확인이다.

2) 승리: 사람들이 승리의 느낌을 좋아한다는 것은 매우 큰 동기 중 하나다. 내 몇몇 친구들은 돈이 필요해서가 아니라 승리에서 오는 기쁨, 즐거움 그리고 만족감을 얻기 위해 일한다. 그들에게 돈은 동기 부여 요소가 아니다. 돈은 이미 충분히 갖고 있다.

3) 가족: 사람은 자신을 위해서라면 하지 않았을 일도 사랑하는 사람을 위해서라

면 기꺼이 마다하지 않는 경우가 많이 있다. 사랑하는 사람들을 위해 무언가를 하겠다는 열망은 아주 강력한 동기 부여 요소다.

4) 자신이 가진 부를 나눠주고자 하는 열망: 위대한 철강왕 앤드루 카네기가 사망한 뒤 그의 책상 서랍에서 노란색 종이가 한 장 나왔다. "나의 인생 절반은 돈을 모으는 데 쓸 것이다. 그리고 나머지 절반은 그 돈을 모두 나눠주는 데 쓸 것이다." 뚜렷한 목표를 세운 카네기는 인생의 전반기에 약 45조원을 모았다. 그리고 실제로 인생의 후반기에는 그것을 모두 나눠주는 기쁨을 누렸다.

부정적인 감정은 초기 행동력을 높여준다. 그런데 그 행동을 지속하는 데는 긍정적인 감정이 필요하다. 목표를 달성하기 위한 충분하고도 긍정적인 이유가 있어야 한다. 인정, 성취, 사랑하는 가족, 부를 나눠주고자 하는 열망은 모두 우리가 바라는 감정들이다.

목표 달성을 계속하려면 그 크기에 맞는 좋은 기분을 느끼게 해주면 된다. 좋은 감정은 지속할 수 있는 에너지를 준다. 좋은 감정은 행복을 준다. 그래서 행동하게 한다. 우리 자신에게 충분한 이유를 주자. 느끼고 싶은 좋은 감정을 주자.

자신에게 좋은 감정을 주기에 앞서 우리가 원하는 것의 본질을 알아야 한다. 어떤 것을 원할 때 자문자답 해보자. 왜 이것을 원하는지 생각해보자.

고급 명품가방을 갖고 싶다. 명품가방을 원하는 이유는 명품가방 때문일까? 그것을 통해 얻고 싶은 만족감, 품위감, 나의 가치를 대변하는 것 같은 가방에 투영된 만족감일까? 고급 외제차를 사고 싶은 것은 차 자체를 원하는 것일까? 아니면 차를 통해 얻을 수 있는 유능감, 성취감, 우월감일까?

행동의 본질은 어떤 감정을 원하는 것이다. 행복한 가정을 꾸리길 원하는 것도 결국은 가정을 통해 느끼고 싶은 안정감, 편안함, 위로감, 사랑의 감정이다. 많은 돈을 원하는 것도 그것을 통해 느끼고 싶은 안정감, 무엇이든 살 수 있다는 유능감, 더 많은 것을 할 수 있는 든든한 감정이라고 할 수 있다.

감정의 속살을 들여다보고 따라가라
감정의 초점을 목표 달성에 활용하라

우리가 하고 싶은 것, 갖고 싶은 것, 되고 싶은 것은 모두 좋은 감정을 얻기 위한 수단이다. 키스가 하고 싶은 것은 그 행위 자체 때문이 아니라 키스를 통해서 받고 싶은 좋은 감정이다. 그런 행동을 통해 느끼는 사랑의 감정이고 그 감정을 통해 온몸에 퍼지는 호르몬 때문이다.

행동 자체가 아니라 그 속에 숨겨져 있는 감정을 잘 따라가면 무언가 있다. 감정의 속살을 잘 들여다보면 나의 발전을 위한 무언가 있다. 감정을 실체를 정확히 파악하고 그 감정의 초점을 올바르게 맞추어 우리의 목표 달성에 활용하자.

목표 달성에 유익한 대표적인 감정 두 가지

1. 성취감

지금보다 성과를 향상시키고 싶고 무언가 이루고 갖고 싶은 사람에게 중요한 감정이다. 이것은 참 좋은 기분이다. 자기 통제감과 자기 유능감의 제고이다. 크든 작든 내 힘으로 무언가 해냈다는 느낌은 인간의 자긍심과 자존감을 고양시킨다. 성취의 결정적인 역할이 자기 자신이었다는 생각과 느낌은 오래간다.

통장에 든 10억 원이 부모의 유산이나 로또 복권 때문이 아니라 자신의 힘으로 일구었을 때 느끼는 좋은 기분은 수준이 다르다. 적당히 공부했는데 운 좋게 높은 학점을 받앗을 때와, 두 팔 걷어붙이고 총명한 눈빛으로 높은 학점을 받았을 때 느끼는 좋은 기분은 결이 다르다.

나와 학연으로 이어진 상사 덕분에 잘 받은 인사 고과와, 수 개월

동안 노력하여 내 실력으로 인정받고 승진했을 때 느끼는 희열과 성취감은 분명 격이 다르다.

갖은 노력을 하여 대가를 지불하고 얻어낸 결과물은 그 자체로서도 의미가 있지만 그 결과를 통해 얻는 감정은 큰 에너지로 잠재의식에 남는다. 스스로가 인정할 만큼 노력한 그런 일이 그렇다. 땀 흘려 운동한 뒤 시원한 물로 샤워하며 느끼는 건강한 느낌이 그렇다. 밤낮으로 노력하여 모두에게 찬사를 받았던 승리에 대한 감정이 그렇다. 이런 성취감을 곱씹으면서 목표 달성을 추구하자. 이런 성취감을 추구하자. 더 나은 나를 위해서.

2. 사랑

긍정적인 감정의 최고봉이 있다. 강력한 동기 부여는 사랑의 감정이다. 자기 자신에 대한 사랑, 부모님에 대한 사랑, 배우자에 대한 사랑, 자식에 대한 사랑이 그렇다. 직업에 대한 사랑, 직장 동료에 대한 사랑, 회사에 대한 사랑이 그렇다. 어린이, 노인, 강아지, 고양이도 사랑의 대상이다. 지역사회, 국가, 인류, 동물, 식물 등 무엇이든 사랑의 대상이 될 수 있다.

사랑을 실천하는 일에는 위대한 힘이 있다. 역사적으로 위대한 성취가들이 박애주의를 실천한 데는 이유가 있다. 강력한 박애주의는 끊임없이 베풀게 만들고 세상에 기여하고 세상을 바꾸게 하는 힘이 있다. 고귀하고 숭고한 감정인 사랑의 실천은 영원하다. 그리고 강력하다.

여자는 약하나 어머니는 강하다. 자식에 대한 사랑의 실천 덕분이다. 가족을 사랑하는 가장의 힘은 위대하다. 직원을 사랑하는 대표는 위대하다.

인류를 사랑했던 위인들은 모두 강력했다. 온갖 신화와 전설 속에 사랑이 빠지지 않는 것도 이 때문이다. 크든 작든 사랑의 감정을 마음속에 간직하고 목표 설정을 하자. 사랑이 담긴 목표 설정을 하자. 그리고 그 목표를 사랑하고, 목표 달성을 하는 과정도 사랑하자. 그러면 반드시 이루어질 것이다.

부자 공식 실천 TIP

목표 달성에 도움 되는 감정 강화하기

목표 달성에 도움이 되는 위대한 감정을 취사 선택하자. 그리고 그 감정을 강화하자.
지난날의 성취를 다시 떠올려보자. 한번 강했던 사람은 다시 강해질 수 있다.
이 목표를 달성해야 하는 이유 10가지를 반드시 작성하자. 감정적인 이유도 포함해서 작성하자.

감정과 이유가 결합하면 막강한 힘이 일어난다. 그리고 이루었을 때 느낄 감정들을 미리 느끼자. 이미 달성된 것처럼 느껴보자.

서술문으로 작성하여 구체적으로 느껴보자. 글로 써보면서 목표 달성에 성큼 다가가는 시간을 가져보자.

〈나의 사랑스러운 목표에 행동력과 지속력 장착하기〉

1) 성취 리스트

	지금까지 살아오면서 이뤘던 크고 작은 성취 (예 : 반장, 수상 경력, 잘했다고 생각되는 모든 일 등)	감정 종류 연결
1		
2		
3		
4		
5		
6		
7		
8		
9		
10		

(예: 사랑, 행복감, 성취감, 자아실현감, 통제감, 존재감, 인정받는 느낌, 유능감, 자존감, 자신감, 자기효능감, 만족감, 안정감, 공헌감, 자유감, 명예, 친밀감, 소속감, 열광, 매혹, 감사함, 즐거움, 대담함, 유쾌함, 활력감, 풍족감, 성장감 등)

2) 이유 리스트

나의 목표 _____(을)를 달성해야 하는 이유 10가지		감정 종류 연결
1		
2		
3		
4		
5		
6		
7		
8		
9		
10		

3) 좋다 리스트

목표 서술	나의 목표 _____ 이(가) 달성된다면
달성 혜택	1. ( ) 감정을 느껴서 너무 좋고 행복하다. 2. 재정적으로 ( ) 이 좋고 감정적으로 ( ) 이 좋다. 3. 시간적으로 ( ) 이 좋고 감정적으로 ( ) 이 좋다.
감정 서술	그래서 나는 _____감정을 느낀다.

(예: 사랑, 행복감, 성취감, 자아실현감, 통제감, 존재감, 인정받는 느낌, 유능감, 자존감, 자신감, 자기효능감, 만족감, 안정감, 공헌감, 자유감, 명예, 친밀감, 소속감, 열광, 매혹, 감사함, 즐거움, 대담함, 유쾌함, 활력감, 풍족감, 성장감 등)

2장

부자들은 어떤 신념을 갖고 있는가?

- 강력한 신념 설정하기

뱀이 허물을 벗는 이유는
필요 없는 것을 버리기 위해서다.
그래야 더 성장한다.

솔개는 어느 시점이 되면
자신의 부리와 발톱을 바위에 깨부수어
새로운 부리와 발톱이 자라도록 한다.

고통을 감내하며 무언가 버려야 더 강해진다.
성장하려면 버려야 한다.
부자 되는 것을 가로막는
당신 내부의 장애물을 찾아
부수고 바꿔야 한다.
걸림돌을 디딤돌로 교체해야 한다.

"우물쭈물하다가 내 이럴 줄 알았지."

- 버나드 쇼의 묘비명

열매를 바꾸고 싶다면 뿌리부터 바꿔라

: 결과를 만들어내는 원인을 바꿔 부자 되기

천재 물리학자 알베르트 아인슈타인은 이렇게 말했다.

"어제와 똑같이 살면서 다른 미래를 기대하는 것은 정신병 초기 증세이다."

만약 당신이 부자가 되고 싶고, 지금과는 다른 미래를 기대한다면, 어제와 다른 오늘을 살아야 할 것이다.

한번 적어보자. 직전 5년 동안 당신의 순자산통장잔고은 얼마가 증가했는가? 대출을 제외한 집 가격, 보험, 자동차, 명품가방 정도는 포함해도 좋다. 만약 지금까지 해오던 일, 저축하는 방식, 지출 습관, 투자에 대한 마인드와 행동 등을 그대로 유지한다면, 앞으로 5년 후에도 위의 금액과 거의 비슷한 금액을 적게 될 것이다.

행동의 변화가 없으면 결과의 변화도 없다. 더욱 슬픈 것은 시간이 지날수록 '그냥 그대로 사는' 습관이 형성된다는 사실이다. 행동 변화는 더더욱 어려워지고 시간이 아무리 많이 흘러도 내 인생의 결과들은 없게 된다.

딸기를 먹고 싶은데 토마토 묘목을 심으면 딸기를 먹지 못한다. 인생도 같은 이치가 적용된다. 5년 뒤에 더 나은 삶, 더 높은 순자산을 얻고 싶다면 뿌리를 바꿔야 한다. 원인을 바꿔야 한다. 새로운 뿌리를 찾아야 한다.

그렇다면 뿌리는 무엇일까? 미국의 철학자이자 심리학자인 하버드대학 교수 윌리엄 제임스William James는 말했다.

"생각이 바뀌면 행동이 바뀌고, 행동이 바뀌면 습관이 바뀌고, 습관이 바뀌면 인격이 바뀌고, 인격이 바뀌면 운명이 달라진다."

각 단계 중에서 무엇을 바꾸면 전체가 바뀔까?
결과를 바꾸기 위해 가장 먼저 바꿔야 할 것은 무엇일까?
답은 '생각'이다. 생각은 '뿌리'에 해당한다.

결과를 바꾸려면 원인을 바꿔야 한다
열매를 바꾸려면 뿌리를 바꿔야 한다

생각은 우리의 삶을 담는 틀과 같다. 수제 비누 만들기를 생각해보면 비누틀이 비누의 모양을 결정한다. 틀은 생각이다.

생각은 모든 것의 뿌리다. 생각을 바꾸는 것이 핵심이다. 특히 강력하게 굳어진 생각인 '신념'을 바꾸는 것이 문제를 쉽게 푸는 지름길이다. 인생을 더욱 풍요롭게 만들기 위해 가장 효과적인 길은 돈, 건강, 성공, 관계 등에 대한 '유해한 신념'을 '유익한 신념'으로 교체하는 것이다.

피크 포텐셜 트레이닝PEAK POTENTIAL TRAINING의 대표로 프로그램을 보급하여 전 세계 50만 명이 넘는 사람들을 백만장자의 길로 이끌어주고 있는 세계적인 부의 멘토 하브 에커T. Harv Eker는 다음과 같이 말했다.

"뿌리가 있으므로 열매가 열린다. 여기 나무 한 그루가 있다. 이 나무를 인생의 나무라 생각하자. 나무에 열매들이 달려 있다. 우리의 삶으로 치면 열매는 우리가 만들어낸 결과물이다. (중략)

눈에 보이지 않는 것이 눈에 보이는 것을 창조한다. 이게 무슨 뜻일까? 열매가 달라지길 바란다면 우선 뿌리가 달라져야 한다는 뜻이다. 눈에 보이는 것을 바꾸고 싶으면 보이지 않는 것을 먼저 바꿔야 한다."

원인을 바꾸지 않고 행동만 바꾸려 해서 실패한 경험은 많다. 과거를 돌아보자. 삶이 고달파서 이런 저런 노력을 해보았다. 노력도 안 하고 불평만 하지는 않은 것 같다. 나름대로 일찍 일어나는 습관을 만들고자 시도해 보았으나 작심삼일에 끝났다. 흐지부지 끝난 것들을 생각해보면 마음이 아프다.

왜 이렇게 변화가 어려운 것인가?

이유는 하나다. 신념의 '두께'가 얇은 것이다. 반드시 일찍 일어나야만 하는 이유, 당위성, 정신적 이득과 손해, 경제적 이득과 손해, 내가 할 수 있을지 없을지에 대한 믿음, 그럼에도 불구하고 하겠다는 의지 등의 생각들이 가득 차야 한다. 이런 생각들이 굳어져 신념화되어야 한다.

하루 일찍 일어나는 행동만 바꾼다고 해서 "솔직히 일찍 일어나서 하루 종일 피곤하느니, 충분히 자고 좋은 컨디션으로 일하는 게 더 능률적이야"라고 생각하는 사람에게는 일찍 일어날 이유가 없다. 당위성이 없는 것이다.

행동이 잘 안 바뀌는 이유는
신념의 두께, 방향, 위치가
충분하지 않기 때문이다

신념의 '방향'도 중요하다. 돈에 대해 이렇게 말하는 사람들이 많다.

"돈 벌기는 어려워요."

"남의 돈 벌기는 원래 쉽지 않은 거예요."

"쉽게 번 돈은 쉽게 나가요."

돈은 벌기는 어렵다는 생각이 대전제로 깔려 있다. 반면에 부자들의 말은 다르다.

"어렵지 않아요. 부자 마인드를 갖추고 실천했어요."

"취미를 돈으로 만들었어요. 재미있어요."

"사람들을 도와주고 돈을 받았어요. 신나요."

이런 말의 대전제는 돈 벌기 '쉽다'는 것이다. 자칫 어렵고 지루해 보일 수 있는 성공 원칙과 돈 버는 과정을 실천하게 만드는 것은 이런 대전제들이다. 이런 신념이 행동과 습관을 바꾸고 결국 열매_{결과}를 바꾼다. 새로운 방향의 신념 없이는 근본적인 변화를 만들어낼 수 없다.

신념의 '위치'도 중요하다. 위치는 편안함을 결정한다. 그 위치에서 벗어나면 '비정상'이 된다. 그 위치는 옳고 그름이 없다. 유익함과 해로움을 구분하지 못한다. 그냥 그 위치를 찾아간다. 마치 흙탕물의 흙이 결국 바닥으로 가라앉듯이, 편안하고 정상적 위치로 행동을 이끄는 것은 신념이다. 마치 회전하던 나침반 바늘이 결국은 북쪽을 가리키듯이 편안한 위치로 행동을 이끈다.

잠은 6시간은 자야 피로가 풀린다고 생각하는 사람은 어떤 상황에서도 6시간 수면시간은 채운다. 방 안의 온도가 25도는 되어야 따뜻하다고 생각하는 사람은 온도가 1도만 떨어져도 바로 보일러를 켠다. 월 1,000만 원은 벌어야 마음이 편안한 사람은 월 900만원으로 소득이 떨어지면 어떻게든 더 벌기 위해 노력한다. 매출액 1,000억 원을 운영하던 대표이사는 매출액이 900억 원이 되면 비정상인 상태를 참지 못한다. 그 회사를 다시 1,000억 원으로 올릴 신념의 '위치'를 가지고 있기 때문이다.

이처럼 돈을 벌고 유지하고 불리는 것은 그 사람의 신념의 위치와 밀접한 관련이 있다. 인간의 행동은 신념의 위치가 결정한다.

나그네 옷 벗기기 우화를 기억하는가? 태양과 바람이 나그네 옷 벗기기 내기를 했다. 강한 바람보다 강한 햇빛으로 벗기는 것이 더 빨랐다. 인간은 스스로 덥다고 느껴야 옷을 벗는다. 스스로 느끼고 행동하게 만드는 가장 강력한 방법은 신념을 바꾸는 것이다.

신념은 우리의 삶에 도움이 되기도 하고 독이 되기도 한다. 양날의 검이다. 돈을 더 많이 벌고, 성공하게 하고, 더 건강하게 하는 신념이 있다. 반면에 더 가난하게 하고, 실패하게 하고, 질병이 걸리게 하는 신념이 있다.

신념은 우리 자신을 보호해주기 위해 존재한다. 하지만 성장 과정에서 부모님, 선생님, 친구, 사회, 문화 등으로부터 주입된 것도 많다. 그 속에는 우리 삶에 디딤돌이 될 수 있는 신념과 걸림돌이 될 수 있는 신념이 섞여 있다.

그중 옥석을 가려서 부자가 되는 신념만 장착하자. 내 앞길을 가로막는 생각을 버리고, 성공하는 데 도움이 되는 정신으로 무장하자. 가장 큰 적은 내 안에 있다. 그 적을 타파하는 시간을 가져보자.

부자 열매를 업그레이드하기 위한 작업을 시작해보자.

해로운 신념 파헤치기

다음 질문에 대답해보자. 진지하게 자신과 일대일 대화를 해보자. 나에게 '유해한' 신념을 찾을 수 있을 것이다. 그것을 바꾸겠다고 결심하자. 그것을 타파하겠다고 마음먹자. 가장 무서운 적은 내 안에 있음을 잊지 말자.

Step1. 나는 돈(부)에 대해 어떻게 생각하는가?

Step2. 위 생각을 토대로 어떤 태도, 말, 행동을 하고 있는가?

Step3. 위의 태도, 말, 행동으로 인해 현재 나의 경제력에 어떤 영향을 미치고 있는가?

Step4. 위의 생각, 태도, 말, 행동은 원래 나의 것인가, 아니면 부모나 가족, 주변 환경에 의해 주입된 것인가?

Step5. 위 4가지 답변을 토대로 다음과 같은 점을 생각해보자.

- 돈(부)에 대한 나의 생각은 원래 내 것이었나, 아니면 후천적인 것인가?
- 내가 원하는 생각, 태도, 삶은 무엇인가?
- 내가 원하는 방식대로 변화하고 싶은가?

②

삶을 가로막는 킹핀을 쓰러뜨려라

: **부자 되는 행동을 막는** 핵심 신념 버리기

볼링을 잘 치는 친구에게 스트라이크하는 팁을 물었더니 다음과 같이 대답했다.

"킹핀을 쳐."

"???"

"세 번째 줄 가운데 5번 핀을 쓰러뜨리면 될 거야."

킹핀은 볼링에서 스트라이크를 치기 위하여 공으로 맞혀야 하는 5번 핀을 지칭한다. 우리 삶에 문제 해결을 위해 쓰러뜨려야 할 '킹핀'이 있다.

인생에서 돈, 건강, 관계, 업무 등에서 어떤 문제가 발생할 수 있다. 그러한 문제들을 해결하려면 킹핀을 쓰러뜨려야 한다. 킹핀은 강한 신념 중 하나다. 그 신념이 때로는 우리들에게 가장 강력한 적이 된다. 자신을 녹다운시키는 맹독이다.

　돈을 많이 갖기를 원하는데 돈이 잘 벌리지 않거나, 들어온 돈도 금방 새나가는 사람이 있다. 왜 그럴까? 자신의 깊은 내면을 살펴보면 답이 있다. 깊은 믿음을 살펴봐야 한다. 잠재의식은 자신의 신념을 합리화하기 위해 우리의 행동을 조종하기 때문이다.

킹핀(핵심 신념)	잠재의식의 역할	신념의 답변
"원래 남의 돈은 벌기 어려운 거야."	어렵고 힘들게 돈 버는 길을 쫓게 한다.	"그래야 맞아!"
"쉽게 들어온 돈은 쉽게 나가는 거야."	쉽게 들어온 돈은 빨리 쓰도록 촉구한다.	"이게 정상이라구!"
"힘들게 번 돈이 의미가 있는거야"	쉽게 번 돈은 가볍게 여기도록 부추긴다.	"그게 자연스러운거야!"

　[신념의 존재 → 잠재의식의 작동 → 신념의 합리화를 위한 말과 행동] 이러한 프레임으로 진행된다. 결과적으로 이런 패턴의 행동들이 돈을 벌고, 모으고, 지키는 데 유익할까? 결과가 좋지 않을 확률이 높다. 이처럼 우리가 가진 신념 중에는 자신이 의식하지 못하는 사이 인생에 나쁜 결과를 만드는 것이 있다. 그것이 킹핀이다.

신념은 잠재의식을 작동시킨다
모든 말과 행동은
신념의 합리화를 위한 것이다

유럽 최고의 머니 컨설턴트인 보도 섀퍼Bodo Schafer는 다음과 같이 말했다.

"언제 어떻게 숨을 내쉬고 들이쉴 것인지 우리가 생각하지 않는 것처럼, 우리 마음속 깊은 곳에 뿌리내린 신념은 우리의 잠재의식을 조종한다.

얼마나 많은 신념을 가졌는가, 긍정적 신념인가 부정적 신념인가 하는 것은 중요하지 않다. 지나치게 돈이 많은 것에 대해서 사람들은 대부분 부정적인 연상을 한다. 이런 부정적 생각은 경제적 자유에 대한 여타의 긍정적 생각보다 그 위력이 더 막강하다."

부자가 되기 위해서는 마음속의 킹핀을 제거하면 된다. 유독 나를 옭아매는 올가미 같은 신념이 있을 것이다.

투명한 유리 상자에 갇힌 파리를 상상해보라. 파리는 앞에 있는 유리를 보지 못한다. 100번, 1,000번 유리벽에 부딪히다 지쳐서 죽을 것이다. 파리처럼 죽을 것인가? 아니면 투명한 유리를 걷어내고 넓은 세상으로 나갈 것인가? 투명한 유리가 킹핀이다. 그것을 찾아 제거하는 것이 삶 전체를 변화시키는 핵심이다.

뱀이 허물을 벗는 이유는 자신에게 필요 없는 것을 버리기 위해서다. 그래야 더 성장하기 때문이다. 솔개는 어느 시점이 되면 자신의 부리와 발톱을 바위에 깨부수어 새로운 부리와 발톱이 자라도록 한다.

왜 고통을 감내하며 무언가 버리는 걸까? 그래야 더 강해지기 때문이다. 같은 이치로 우리도 성장하려면 버려야 한다. 부자 되는 것을 가로막는 장애물을 찾아서 부수어야 한다. 우리가 성장하는 데 방해되는 걸림돌을 디딤돌로 바꿔야 한다.

찾아서 버리는 것이 먼저다
비워야 한다
채우는 것은 그 다음이다

세계적인 부의 멘토 하브 에커T. Harv Eker는 킹핀에 대해 이렇게 말했다.

"전에는 내 머릿속에서 하는 말이 진실이라고 믿었지만 성공하는 데 가장 큰 장애물이 나의 생각이라는 걸 알게 된 이상, 부자가 되겠다는 나의 비전에 전혀 보탬이 되지 못하는 생각은 가차 없이 버리기로 했다. 배우는 것뿐 아니라 '버리는 것'도 중요하다!"

원하는 것을 얻지 못하게 하는 가장 나쁜 신념은 '이것은 옳고 저것은 그르다' 는 이분법이다. '자신이 생각하는 것만이 옳다' 라는 것에 속박되어 지금의 생각이 나의 행복과 풍요에 도움이 되지 않는데도 그것에 집착하는 태도, 이른바 '옳음 웨이' 의 마인드를 조심하라는 뜻이다. 이것이 킹핀이다. 이 신념을 버리는 것이 첫 번째 단계다. 부자들의 사고방식을 갖자. 부자들의 마인드를 갖자. 그것이 변화와 풍요에 한 걸음 다가가는 지름길이다.

갑자기 생각을 바꾸기는 어렵다. 이유는 '일관성 자존심' 때문이다. 옳지 않은 생각이더라도 지금까지 지켜온 생각을 지키는 것 자체, 그것이 자존심을 지키는 것이라고 생각한다.

인도 건국의 아버지 마하트마 간디는 이에 대하여 이렇게 말했다.

"일관성은 절대적 덕목이 아니다. 오늘 내가 어제와는 다른 통찰을 했다면 오히려 방향을 바꾸는 것이 더 일관성 있는 것이 아닐까? 그러면 과거에 대해서는 일관성이 없어지겠지만, 진리에 대해서는 더 일관성이 있는 것이다. 일관성이란 자기가 인식한 진리를 따르는 것으로 지켜진다."

스스로 생각하는 선과 악, 객관적인 현실이라 믿었던 것들, 눈으로 보는 모든 것이 진실이 아닐 수 있음을 인지하자.

지금까지는 지구가 평평하다고 믿고 살았지만, 내일부터는 지구가 둥글다고 믿고 살아도 괜찮다. 어제까지는 부모의 잔소리가 간섭이라고 믿고 살았지만, 내일부터는 사랑이라고 믿고 살아도 괜찮다. 오늘부터 이성을 보는 눈과 기준을 바꾸어도 괜찮다. 오늘부터 나만의 패션과 헤어스타일을 바꾸어도 괜찮다.

괜찮다. 아무 문제없다. 내 신념의 옳고 그름을 따지는 것은 중요하지 않다. 옳은 신념도 없고, 그른 신념도 없다. 중요한 것은 내가 원하는 것을 얻는 데 도움이 되는지, 그렇지, 않은지를 기준으로 신념을 선택하는 것이다. 그것이 나의 행복과 풍요에 도움이 되는 길이다.

킹핀(핵심신념) 쓰러뜨리기 = 5번 핀				
⑦번 핀		⑧번 핀	⑨번 핀	⑩번 핀
	④번 핀	⑤번 핀(킹핀)	⑥번 핀	
	②번 핀	③번 핀		
	①번 핀			

킹핀Kingpin이란? : 볼링에서 세 번째 줄 가운데 있는 5번 핀을 가리키는 말로, 10개의 핀을 모두 넘어뜨리는 스트라이크를 치기 위해서는 1번 핀이 아닌 5번 핀(킹핀)을 맞혀 다른 핀들이 연쇄적으로 넘어지도록 해야 한다. 킹핀Kingpin을 쓰러뜨려야 주변 공에 가장 큰 연계효과를 낼 수 있기 때문이다. -출처 : 네이버 지식백과
→ 볼링에서 킹핀처럼 우리의 삶에서도 킹핀신념이 있다. 우리 삶에 큰 영향을 주는 핵심 신념이 있다. 핵심 신념 중에서 부정적인 신념을 찾자. 그리고 쓰러뜨리자. 그러면 우리 삶이 크게 바뀐다.

자신의 킹핀을 모르면서 부자가 되고 성공하고자 하는 것은 나무의 뿌리는 그대로 두고, 가지치기만을 통해서 열매 자체를 바꾸려하는 것과 같다. 우리의 의식은 옳고 그름을 중요시하지 않는다. 그저 자신의 기준에서 최선인 것을 선택하려 한다. 최선의 행동을 하도록 우리를 조종하는 것이 잠재의식의 최대 미션이다.

그 기준 자체를 수정하는 기능은 없다. 기준이 되는 신념을 수정하는 것은 우리의 이성이다. 중산층이 되는 신념을 장착하면 기준이 중산층이 되는 것이다. 부자가 되는 신념을 세팅하면 기준이 부자가 되는 것이다. 잠재의식은 그저 세팅된 기준을 실천하도록 할 뿐이다. 돈에 대한 신념도 마찬가지다.

③

돈에 대한 신념을 바꿔라

: 돈과 대한 부정적인 신념을 새로운 신념으로 교체하라

한 젊은 커플이 다투었다. 여자친구가 화가 난 것이다. 그 커플은
자기 전에 꼭 전화 통화를 하자고 약속했는데 하루는 남자가 약속
을 잊어버리고 잠들어버렸다. 여자는 남자에게 '나보다 잠이 더 중
요하느냐' 라며 화를 냈다. 둘의 입장은 다음과 같이 정리된다.

- 여자 입장 : [잠든 사실 = 사랑하지 않는다]
- 남자 입장 : [잠든 사실 ≠ 사랑하지 않는다]

누구의 입장이 맞을까?

누가 옳고 그른지는 중요하지 않다. 중요한 것은 사건에 대한 신
념을 어떻게 연결하느냐에 따라서 결과가 180도 달라진다는 점이

다. 이처럼 어떤 사건을 해석할 때 연결되는 생각이 있다. 그 생각 속으로 아주 깊이 들어가 보면 신념을 만날 수 있다.

돈과 관련해서도 마찬가지다. 돈을 싫어하는 사람이 없는데 왜 세상은 부자와 빈자로 나뉠까? 돈을 나쁘게 생각하는 사람이 있을까? 있다. '생각'은 좋다고 여기지만 '신념'은 나쁘다고 여기는 것을 모를 뿐이다. 이것이 부자와 빈자로 나뉘는 핵심적인 이유다.

어떤 사건이나 대상에 대해서 긍정적인 신념으로 연결되면 '시너지'가 나지만, 부정적인 신념으로 연결되면 '역 시너지'가 난다. 긍정적인 신념이면 강화해야 하겠지만, 부정적인 신념이면 분리하여야 한다.

예를 들어 [돈 = 욕심]으로 연결하는 경우다. 돈을 추구하는 행위를 탐욕, 즉 부정적인 것으로 연결한다. 그러면 [돈을 추구하는 것 = 욕심쟁이 = 돈 쫓는 돼지]의 흐름으로 생각이 이어진다. 결국 부정적인 신념이 내면에 뿌리 내린다. 그러면 우리는 나쁜 사람이 되지 않기 위한 행동을 하게 된다. 즉, 돈으로부터 멀어지는 것이다.

또 있다. [돈 = 공포 = 걱정 = 두려움] 등으로 연결되는 경우다. 돈이 많아질수록 걱정도 함께 많아지는 경우다. 돈이 많아지면 부정적인 경험이나 결과가 연상된다. 예를 들어 세금에 대해 생각해보자. 나라가 세금을 뜯어간다. '납부한다'가 아니고 '뜯어간다'고 여긴다. 돈이 많으니까 범죄자들의 타깃이 될 수도 있다. 두렵다. 평소에 친하지도 않던 사람들이 괜히 친해지려고 한다. 속 보인다. 나랑 친하고 싶은 게 아니라, 내 돈과 친해지려는 속셈인 것처럼 보인다. 돈이 많으면 누가 훔쳐 가지나 않을까 괜히 불안하다. 부정적인 감정이 내면 깊숙이 자리 잡고 있다. 결국 돈으로부터 멀어지는 행동을 한다.

돈과 관련하여 인간성 악화, 욕심, 시기, 질투, 두려움, 공포, 갈취, 세금 폭탄, 골치 아픔, 피곤, 갈등, 분쟁, 탐욕, 타락 등의 부정적인 신념과 연결되어 있는 것이다.

이것은 치명적이다. 최악의 결과를 낳는다. 우리 인생에 독초 같은 존재다. 돈과 관련하여 행복, 기쁨, 즐거움, 성취, 목적, 기여, 가치, 자유, 안정감, 편안함, 보호 등의 긍정적인 신념과 연결하는 것이 중요하다.

수도관에 녹이 끼면 녹물이 나온다
신념에 부정적인 것이 있으면
절대 행복할 수 없다

중국의 경제 칼럼니스트이자 베스트셀러 저자인 구구는 가난한 사람의 특징에 대해 "가난한 사람들은 마음속으로 부자를 증오한다"고 하면서, "자신은 복이 없다고 실망하지 마라. 분노와 질투는 자랑할 만한 게 못된다. 당신은 뜨거운 여름이나 추운 겨울에 죽어라 일하는 자신과 다른 사람을 동정은 해도 되지만, 그 때문에 부자들에 대한 증오심과 분노를 키워서는 안 된다"고 말하였다.

부자에 대해서 부정적인 감정을 느끼면 우리의 내면에서는 이런 현상이 일어난다.

1. [감정의 대상] 난 부자가 싫다. 밉다. 더럽다. 나쁘고 탐욕스럽다.
2. [나에게 대입] 난 그런 사람이 되기 싫다. 되면 안 된다!
3. [행동적 결론] 따라서 난 부자가 안 될 것이다.

'난 카레가 싫어.' 그러면 카레를 안 먹게 된다. '난 수학이 싫어.' 그러면 수학을 멀리 하게 된다. 같은 이치로 '난 부자가 싫어.' 그러면 당연히 부자가 될 수 없다.

리츠 컨설팅 대표이사이자 일본과 미국, 아시아에서 세미나 강사, 코치, 강연자, 저자로 활동하고 있는 이구치 아키라는 "부의 설계도에서 목표 금액을 낮게 설정한 사람은 그만큼 사회에 가치를 제공하지 못하는 사람이라고 할 수 있습니다. '나는 3,000만 원만 벌면 돼' 라는 말은 '나는 3,000만 원 이상의 가치를 제공할 생각이 없어' 라는 말과 같습니다"라고 하면서 돈에 대한 부정적인 감정을 분리하고 올바른 연결을 해야 함을 역설한다.

올바른 연결이란 뭘까? 꼭 연결해야 하는 신념은 바로 '가치 제공' 이다. [돈 = **가치의 제공**]이라고 연결해야 한다. 사회에 가치를 제공하면 그 양과 질에 맞게 돌아오는 게 돈이다. 이 세상에 부여한 가치가 100만 원이면 100만 원을 받고, 1억 원이면 1억 원을 받고, 10억 원이면 10억 원을 받는 개념이다.

이것이 부자의 사고, 즉 부자들이 돈과 연결하는 신념이다. 예를 들어 완벽한 레시피를 연구해서 완벽한 콜라를 만들었다고 하자. 그 콜라를 1명에게 팔면 1,000원을 벌 것이다. 그런데 법인을 설립해 세계 각지에 있는 사람들 10억 명에게 제공하면 1,000억 원을 벌지 않겠는가? 가치의 질은 콜라 1병당 가격이고, 가치의 양은 몇 명에게 제공되느냐로 결정된다. 즉, 사회에 제공한 가치의 양과 질에 의해서 돈을 버는 것이다.

삶에 도움이 되는 신념이 있고, 방해가 되는 신념이 있다.

《아무도 가르쳐주지 않는 부의 비밀》의 저자 오리슨 스웨트 마든 Orison Swett Marden은 "새로운 것을 받아들이기 위해서는 먼저 낡은 것을 버리지 않으면 안 된다. 이것은 식물이든, 곤충이든, 동물이든, 인간이든 모든 자연을 지배하는 법칙이다"라고 말했다. 마음속에 부정적 신념이 자리 잡고 있다면 비워야 한다. 술잔을 비워야 새로운 술을 받을 수 있듯이, 잘못된 신념을 비워야 새로운 신념을 채울 수 있다.

부자 공식 실천 TIP

부자 되는 핵심 신념 세팅하기

1단계: 낡고 해로운 신념을 버리기

〈나에게 던지는 질문〉 돈에 대한 지금까지의 생각, 믿음, 태도는 나에게 어떤 경제적 이익을 가져다 주었는가? 그러한 생각, 믿음, 태도로 인해 이제까지 어떠한 손실이 있었으며, 만약 지속할 경우 앞으로 어떤 경제적 손실이 발생하겠는가?

⇒ 내가 갖고 있는 해로운 신념을 버리도록 자신을 되돌아보고 설득하는 과정이다. 스스로에게 진지하게 답변해보자. 나에게 경제적으로 이익이 되지 않는 신념을 찾고 거기에 이의를 제기해보자.

2단계: 새롭고 유익한 신념 갖추기

〈마음속으로 하는 선언〉 이전과는 다른 새로운 신념이 옳은 근거를 문장으로 만들어 선언해본다.

⇒ 내게 유익한 신념을 갖추는 과정이다. 이것은 마치 낡은 타이어를 교체하기 위해 우선 나사를 푼 다음, 새 타이어를 장착하는 것과도 같다.

3단계: 새로운 신념을 완전히 내 것으로 만들기

〈새로운 신념으로 얻는 것〉 새로운 신념이 내 것이 되었을 때 얻을 수 있는 것은 무엇인가? 새로운 신념으로 인해 나의 경제 관념, 일상에서 누리는 재미, 대인관계에서 어떤 것들이 변화할 것인가?

⇒ 변화를 상상하고 그로 인해 느끼게 될 감정을 느껴보라. 이것은 마치 새로운 타이어를 장착한 후 도로 주행을 하는 것과도 같다. 신념을 내 것으로 만들고 한 몸이 되어야 그 효능과 효과를 알 수 있다. 이다. 위 질문을 답하다 보면 왜 바꿔야 하고 움직여야 하는지 이유를 찾을 수 있을 것이다.

출처: 보도섀퍼, '돈'

④

돈을 팍팍 끌어당기는 버튼

: **돈을 끌어당기는** 목표, 자격, 마인드

"이야기는 스무 해 전의 한 소년에게로 거슬러 올라갑니다. 소년의 아버지는 마구간에서 마구간으로, 경마장에서 경마장으로, 목장에서 목장으로 말을 훈련시키며 돌아다니는 떠돌이 말 조련사였습니다. 그래서 소년은 고등학교 시절에 끊임없이 학교를 옮겨다녀야 했습니다. 졸업반이 되었을 때 담임 선생님은 학생들에게 훗날 어른이 되면 어떤 인물이 되어 무슨 일을 하고 싶은지 써보라는 숙제를 내주었습니다.

그날 밤 소년은, 언젠가는 거대한 말 목장 주인이 되겠다는 인생 목표를 일곱 장의 종이에 걸쳐 깨알같이 적어 내려갔습니다. 소년은 자신의 꿈을 아주 상세히 적었습니다. 건물과 마구간과 트랙이 있는, 25만 평에 달하는 목장의 설계도를 그렸습니다. 그리고 자신이 꿈꾸는 목장 안에 지을 100평짜리 집 평면도도 덧붙였습니다. 소년은 목장 설계에 온 마음을 쏟아부었습니다. 그리고 다음 날 선생님께 제출했지요. 이틀 뒤 소년은 숙제를 되돌려 받았습니다.

겉장에는 크고 빨간 글씨로 'F'가 적혀 있었고, '수업 끝난 후 나를 만날 것!'이란 쪽지가 붙어 있었습니다. 꿈을 가진 그 소년은 수업이 끝난 뒤 선생님을 찾아가 물었습니다.

'왜 제가 F학점을 받아야 하죠?' 선생님이 말씀하시더군요. '이 꿈은 너 같은 환경의 아이한테는 너무나 비현실적이야. 넌 돈이 한 푼도 없는데다가 지금 여러 도시를 떠돌아다니는 형편이잖아. 넌 자원이 없어. 말 목장을 하려면 막대한 돈이 필요하다. 땅도 사야 하고, 말도 사야 하고, 종마 값도 치러야 해. 너한테는 이 모든 걸 감당할 능력이 없다.' 그러면서 선생님은 덧붙였습니다. '네가 좀 더 현실적인 목표를 세워 숙제를 다시 제출한다면 학점을 재고해보겠다.'

소년은 집으로 돌아가 깊이 생각했습니다. 소년은 아버지에게 의견을 구했습니다. 아버지가 말씀하셨습니다.

'아들아, 이것에 대해선 너만이 결정할 수 있다. 그리고 그 결정이 너에게 굉장히 중요하다고 난 생각한다.'

일주일 동안 심사숙고한 소년은 전에 냈던 숙제를 하나도 고치지 않고 그대로 제출했습니다.

'선생님께선 F학점을 주세요. 전 제 꿈을 간직할 테니까요.' 소년은 그렇게 선생님에게 말했습니다. 제가 이 이야기를 여러분들에게 들려주는 이유는 여러분들이 지금 25만 평의 목장 안에 세워진 100평짜리 집에 들어와 있기 때문입니다. 전 아직도 당시 작성했던 숙제를 액자에 넣어 벽난로 위에 보관하고 있습니다.”

이 이야기 속 핵심은 '이 꿈은 너 같은 환경의 아이한테는 너무나 비현실적이야', '선생님께선 F학점을 주세요. 전 제 꿈을 간직할 테니까요' 이다. 무언가를 이루기 위해서는 목표를 작게 만드는 함정에 빠지지 않고, 가슴이 원하는 강력한 목표를 적고, 강력한 신념과 의지를 가져야 한다. 돈 역시 같은 이치로 적용된다.

목표를 축소시키는 함정 피하기

강력한 목표 만들기

신념과 의지 가지기

그렇다면 돈을 팍팍 끌어당기는 3개의 버튼은 무엇일까?

1. **[돈 함정]** : 큰 목표를 설정하지 못하는 이유를 알고 제거하기.

2. **[돈 목표]**: 스스로가 진정으로 원하는 만큼으로 월연소득과 순자산 작성하기.

3. **[돈 자격]**: 받을 자격이 있다고 생각하기. 나의 목표는 충분히 가능하다고 생각하기.

내 안에 존재하는 [돈 함정]을 제거하고, 크고 구체적인 [돈 목표]와 충분한 [돈 자격]을 갖추는 것이 경제적 풍요로 가는 3개의 버튼이자 경제적 자유로 가는 시발점이다. 스스로 납득하는 구체적 목표와 충분히 달성 가능하다는 신념은 동서고금을 막론하고 모든 성취의 공통적인 요소다.

첫 번째 버튼인 [돈 함정]을 살펴보자.

구분	(희망) 월 소득	순자산(부채 제외)
현재 내 나이 ___세		
3년 후 ___ 세		
7년 후 ___ 세		

혹시 큰 목표를 쓸까 적당한 목표를 쓸까 머뭇거렸는가? 어떤 금액을 작성했는가? 당신은 목표 작성부터 함정에 빠졌을 수 있다. 어떤 함정에 빠졌는지 체크해보자. 함정에 빠지게 되면 큰 목표를 작성하지 않거나 못하게 된다. 이 요소들이 [돈 함정]이고, 내 삶에서 돈을 꽉꽉 밀어내는 이유다.

함정에는 다시 다음과 같은 것들이 있다.

[두려움 함정]

희망 소득을 작성할 때 큰 금액을 쓰지 못하는 이유가 된다. 큰 금액을 목표로 하고 행동할 자신이 없어서 머뭇거리게 된다. 꼭 달성할 의지가 없으며 목표가 달성되지 못했을 때 받는 상처가 두렵다. 상처받을까 두려워서 큰 목표를 세우고 행동할 엄두를 내지 못한다. 두려움 때문에 큰 목표 설정 자체를 회피한다. 이 두려움은 실제 일어나지 않은 일을 창조하여 행동을 가로막는 강력한 덫이다. 돈이 들어오는 길목을 막는 강력한 함정이 된다.

[현실성 함정]

큰 목표를 작성하지 않는 것은 현실적으로 불가능하다고 생각하기 때문이다. 상식적으로 그것은 터무니없는 목표라고 생각한다. 여기에서 '현실적' 과 '상식적'이라는 단어가 함정이다. 도대체 현실적인 목표는 누구의 기준인가? 잘 생각해보면 상식은 스스로 정한 기준이다. 자신이 살아온 삶의 경험과 지식 테두리 안에서 정한 상식이다.

상식은 그저 개인의 견해이며 개인의 편협한 경험에서 나오는 편협한 견해일 뿐이다. 현실성 있는 목표를 세워야 한다는 함정을 스스로 파고 빠지는 꼴이다. 상식은 언제나 깨지기 마련이라는 것을 인지하고 내 기준의 상식을 뛰어넘는 목표를 세워보자. 예를 들어 높이뛰기에서 배면뛰기를 발견하기 전에는 지금의 세계 신기록은 비상식적인 것이었다. 수영의 플립턴 기술이 개발되기 전에는 지금의 세계 신기록은 상식적으로 불가능이었다. 모든 상식은 과거의 누계이고 언제든지 깨질 수 있는 견해일 뿐이다. 그러니 높은 목표를 세우자.

[만족감 함정]

큰 목표를 쓰지 못하는 치명적인 이유 중 하나는 현재에 만족하는 경우다. '난 이

정도로 충분해. 더도 말고 덜도 말고 딱 500만 원이면 돼' 라고 말한다. 스스로가 큰 돈이 있으면 좋겠지만 굳이 필요하다고 생각하지 않는다. 너무 큰 돈을 벌거나 소유하는 것을 불편하게 생각하거나 과분하게 생각한다. 지금의 상황에 만족하기 때문에 특별히 노력할 필요도 없으며 대가를 지불하며 고생할 필요도 없다. 그러나 현재에 만족한다고 말은 하지만 마음속에 갈망하는 것이 있다면 자신을 속이고 있는 것이다.

'난 지금에 만족한다' 는 말로 힘든 노력을 하기 싫은 마음의 상태를 숨기고 포장한 것이다. '지금에 만족한다' 는 말로 자신감이 없어 현실에 안주하는 자신을 합리화한 것이다. '지금의 삶에 만족한다' 는 말로 안전지대에 머물며 편하게 지내고 싶은 게으른 욕구를 미화한 것이다.

위 3가지 함정을 피해야 한다. 두렵다는 이유로, 목표는 현실적이어야 한다는 이유로, 지금에 만족한다는 핑계로 낮은 목표를 설정하는 것은 스스로 장밋빛 삶을 가로막는 행동이다.

이런 제한들은 우리가 부자 되는 길목을 막아버린다. 이런 함정들은 손세차 할 때 호스를 밟아 나오던 물이 막혀버리는 것처럼, 우리를 향해 들어오는 돈의 흐름을 막아버린다. 그 흐름을 막는 함정들을 잘 피해서 큰 목표를 설정하자. 생각이 커야 큰 결과가 따라온다.

돈의 그릇은
생각의 크기 만큼이다

두 번째 버튼은 [돈 목표]다. 숫자로 표기된 내가 원하는 돈에 대한 목표다. 작성한 것이 당신의 돈 그릇의 크기가 된다. 최대로 벌수 있는 금액이다. 그 이상은 희박하다. 왜 그럴까?

국내 최고의 대학교를 목표로 공부한 학생이 세계 최고의 대학교에 입학하기 힘들다. 외국어 공부를 생활영어 수준만큼만 원하는 사람이 전문 통역인이 되기 어렵다.

이처럼 돈도 그 사람의 생각의 크기만큼만 들어올 수 있다. 월 소득 500만 원이 목표인 사람은 10년을 더 노력해도 월 소득 5,000만원을 벌 수 없게 된다. 돈은 그 사람의 돈에 대한 '목표 크기만큼만' 벌 수 있다. 돈 입장에서도 500만 원만 원하는 사람에게 굳이 5,000만 원을 보내줄 이유가 없다.

특히 스스로가 원하는 수입을 얼마나 큰 금액으로 적었는지가 중요하다. 이에 대하여 2008년 일본 최초의 집사 서비스 전문 회사 버틀러&컨시어지Butler & Concierge Japan의 대표이사인 아라이 나오유키新井直之는 "월급이 300만 원이면 충분하다고 생각하며 일하는 사람은 평생 300만 원밖에 벌지 못한다. 하지만 진심으로 10억 원을 위해 노력하는 사람은 이를 위해 행동하기 때문에 반드시 부자가 된다"고 말했다.

이처럼 원하는 돈 목표를 숫자로 작성하는 것이 중요하다. 목표는 [돈 그릇]이 되고 금액은 돈 그릇의 크기가 된다. 목표와 금액은 그 자체로 돈에 대한 청사진이 된다. 그 자체가 당신의 경제적인 미래가 된다.

아기 코끼리를 어렸을 때부터 족쇄를 채워두고 키우면 성인 코끼리가 되어도 족쇄가 허락한 거리 이상을 가지 않는다. 벼룩을 병에 가둬놓고 시간이 지나면 벼룩은 병뚜껑에 수차례 부딪히다가 결국 병 높이 이상을 뛰지 않는다. 그 벼룩을 병 밖으로 꺼내놓으면 병 높이 이상을 뛸 수 있음에도 그 이상 뛰지 않는다. 스스로 뛰는 높이를 제한한다.

인간도 돈을 벌고 모으는 데 있어서 스스로의 제한이 있다. 스스로 정한 '돈 족쇄'가 있다. 이것을 주의하자. 돈 그릇의 크기는 그 자체로 진공 상태가 된다. 옷장이 비면 옷이 채워지고 책장이 비면 책이 채워지듯이 돈 그릇이 비면 돈이 채워지게 될 것이다.

돈에게 불쾌감을 주지 말자
들어오려 했던 돈도 유턴한다

세 번째 버튼은 [돈 자격]이다. 스스로 작성한 금액을 받을 자격이 있다고 믿어야 한다. 그렇게 기꺼이 믿고 생각하지 않으면 돈도 불쾌감을 느낀다. 누군가에게 진심 어린 칭찬을 했는데 "무슨 소리에요. 저는 그런 좋은 사람이 아닙니다. 사람 잘못 보셨네요!"라는 답변을 들어본 경험이 있는가? 기분이 어떠한가? 돈 입장에서도 같은 기분을 느낀다.

목표로 작성한 월 소득을 주려고 했더니 "죄송합니다만, 그렇게 많은 월 소득은 정중히 사양하겠습니다"라고 말한다면, 돈은 그런 신념과 태도를 가진 사람에게 굳이 가지 않는다.

이처럼 '받는 능력'도 중요하다. [돈 자격]은 받는 능력이다. 가난한 사람들은 큰 돈을 받는 기회가 와도 받지 못한다. 받는 능력이 부족하기 때문이다. 받을 기회가 왔는데 거절하면 에너지의 흐름을 부정적으로 바꾸는 것이다.

이렇게 형성된 부정적인 에너지는 추가적인 문제를 만든다. 받지 않는 태도로 굳어진 당신의 습관이 인생의 수많은 선택지에서 '받지 마세요'로 이끈다. 상대방에게 풍기는 메시지도 '주지 마세요'로 강력하게 전달된다.

결과는 어떨까? 내가 받을 몫이 다른 사람에게로 간다. 내가 받을 돈이 기꺼이 받으려는 다른 사람의 품으로 들어간다.

당신은 충분히 가치 있는 사람이다. 큰돈을 받아도 되는 사람이다. 스스로 작은 목표를 잡고, 자격이 없다고 생각하며, 들어오는 돈도 걷어차버리는 것은 너무 안타까운 일이다.

부자 공식 실천 TIP

돈을 팍팍 끌어당기는 신념 만들기 3단계

1. 돈 목표

구분	(희망) 월 소득	순자산(부채 제외)
현재 내 나이 ___세		
3년 후 ___ 세		
7년 후 ___ 세		

⇒ 다시 한 번 작성해보자. 처음에 작성했던 금액과 동일한가? 동일하면 안 된다! 더 커져야 한다! 스스로에게 제한이 될 수 있음을 경계하자. 쓰는 순간 그 금액이 나의 상한선이 된다.

2. 돈 함정 l

[두려움 함정]
돈 목표를 달성하기가 두려운가? 두렵다면 구체적으로 무엇이 두려운가?

1. _____

2. _____

[현실성 함정]
돈 목표 자체가 비상식적인가? 비현실적인가? 구체적으로 왜 그렇게 생각하는가?

1. _____

2. _____

[만족감 함정]
너무 큰돈을 벌 필요가 없다고 생각하는가? 왜 그렇게 생각하는가?

1. _____

2. _____

⇒ 솔직한 생각을 적는 것이 중요하다. 함정을 찾기 위한 질문이다. 스스로 제한하는 부분을 찾기 위한 질문이다.

3. 돈 함정 II

[두려움 함정 극복]
위에 답변한 두려움은 허상이다. 그 두려움은 극복할 수 있다.

1. 왜냐하면 _____ 때문이다.

2. 왜냐하면 _____ 때문이다.

[현실성 함정 극복]
위에 답변한 상식은 맞지 않다. 내가 설정한 목표는 충분히 달성 가능하다.

1. 왜냐하면 _____ 때문이다.

2. 왜냐하면 _____ 때문이다.

[만족감 함정 극복]
위에 답변한 만족감은 숨어 있는 이유로 인한 핑계일 수도 있다.
난 솔직히 현재에 만족하지 않는다.

1. 왜냐하면 ＿＿＿＿＿＿＿＿＿＿＿＿＿＿＿＿＿＿＿＿＿＿＿때문이다.

2. 왜냐하면 ＿＿＿＿＿＿＿＿＿＿＿＿＿＿＿＿＿＿＿＿＿＿＿때문이다.

⇒ 2번(돈 함정)에 대한 반대 의견을 적는다. 스스로 만든 제한은 스스로 풀어야 한다. 호스를 밟고 있는 발을 떼어야 물이 나온다. 막힌 부분을 열어줘야 돈이 들어온다.

부자의 관점 장착하기

: 돈의 3가지 성질[이타성, 해결성, 수단성]을 이해하자

필자는 15세, 중학교 2학년 겨울 방학 때 난생 처음 돈을 벌어보았다. 용돈을 직접 벌어보고 싶은 마음으로 친구와 대화를 하다가 평소 좋아하고자 했던 군고구마 장사를 하기로 결정했다. 모아두었던 용돈이 우리의 초기 자본금이었다.

고물상에 가서 가장 저렴한 중고 리어카와 중고 군고구마 구이기를 각각 5만 원씩 10만 원에 장만했다. 새벽 도매시장을 찾아가서 고구마 8박스를 사고, 비닐봉지 200개를 구매했다. 장작은 주변 공사장에 버려진 나무들을 찾아다니며 모았다. 중학교 2학년이 무엇을 알겠는가? 그렇게 일단 장사를 시작했고, 첫 번째 군고구마를 2,000원에 3개씩 넣어서 팔았다. 팔기까지 쉽지 않은 과정이었지만 너무나 특별한 경험이었다.

그런데 몇 가지 깨달음을 얻었다. 손님에게 좀 더 잘해드릴수록 더 많은 돈을 벌었다는 것과 문제 해결을 많이 할수록 더 많은 돈을 번다는 것, 그리고 그런 과정을 거쳐 번 돈이 주는 성취감은 일반 아르바이트보다 2배는 크다는 사실이다.

예를 들어 하루 매출 10만 원인 상황에서 위치를 근처 나이트클럽 앞으로 옮겼더니 매출액이 2배로 늘었다. 그리고 고구마만 팔다가 따뜻한 베지밀도 함께 판매했더니 매출액이 2.5배로 늘었다. 다음으로 고구마 품질을 더 높여서 맛을 더욱 좋게 하였더니 입소문이 퍼져 매출액이 3배가 되었다.

과정 하나하나가 땀 흘리는 노력이 필요했고, 남모르는 고민과 문제 해결의 연속이었다. 결과적으로 일반적인 아르바이트보다는 5배가 넘는 돈을 벌고, 큰 기쁨과 성취감을 느꼈다.

돈 자체가 목적이 되어서는 안 된다
돈은 더 큰 가치를 위한 수단이어야 한다

위 경험은 필자가 돈에 대한 관점을 배우는 데 큰 도움이 되었다. 그런데 자수성가한 백만장자, 남다른 부와 풍요를 누리고 유지하는 부자들에게서도 이와 유사한 관점을 발견할 수 있었다.

부자들은 관점이 남다르다. 그들에게는 다음과 같이 돈에 대한 3가지 관점이 존재한다. 3가지 관점이 있다.

첫째, 이타성. 돈은 타인에게 제공한 가치의 크기와 넓이만큼 들어온다.
둘째, 해결성. 돈은 나에게 발생하는 문제를 해결하는 수준과 양만큼 들어온다.
셋째, 수단성. 돈은 목적이 아니라 더 큰 가치를 의미 있고 크게 해주는 중요한
수단이다.

돈을 많이 벌기 위해서는 '어떻게 하면 이 세상에 더 크고 많은 가치를 제공할까?' 를 고민해야 한다. 돈을 버는 과정에는 많은 문제가 발생한다. 그것을 해결하는 역량이 곧 그 사람이 돈을 버는 양과 연결된다. 마지막으로 중요한 것은, 돈 자체가 목적이 되어서는 안 된다는 점이다. 돈은 더 큰 가치를 얻기 위한 수단임을 인지해야 지속적으로 돈을 벌 수 있다.

이타성 :
돈 자체에 집중하는 것이 아니라
어떤 가치 제공을 할 것이냐에 집중하라

30대에 자수성가한 백만장자 사업가이자 발명가인 엠제이 드마

코MJ DeMarco는 "돈은 이기적인 사람에게 끌리지 않는다. 돈은 욕구를 충족시키고 가치를 창출하는 사람들에게 끌린다. 욕구를 대규모로 해소하면 대규모의 돈이 끌려온다. 당신이 만지는 돈은 당신이 다른 이들에게 제공한 가치에 다름 아니다"라고 하면서, "기분을 좋게 해주어라. 문제를 해결해주어라. 교육해 주어라. 외모를 발전시켜라건강, 영양, 옷, 화장. 안전을 제공하라주거지, 안전 예방책, 건강. 긍정적인 정서를 유발하라사랑, 행복, 웃음, 자신감. 기본적인 욕구음식부터 외설적인 욕구성욕까지 충족시켜라. 삶을 편안하게 해주어라. 꿈과 희망을 고취하라"와 같은 가치를 제시한다.

예를 들어 백화점 와인샵에 들어갔다고 상상해보자. 1만 원짜리 와인과 100만 원짜리 와인은 무엇이 다른가? 당연히 품질이 다르다. 사람들은 높은 질에 더 많은 돈을 지불한다. 많은 돈을 벌려면 한 개를 판매하더라도 질을 높이면 된다. 또는 여러 개를 판매하면 된다. 1만 원짜리 와인을 특정한 지역에서 1,000개를 판매할 수도 있지만, 글로벌 유통망과 온라인 판매를 통해 1,000만 개를 판매할 수도 있다. 누가 부자가 되겠는가?

교육 서비스를 30명씩 모아서 하는 학원을 운영할 수 있지만 사이버 학습을 운영하여 30만 명에게 교육 서비스를 제공할 수 있다. 누가 부자가 되겠는가?

결국 돈은 우리가 제공한 가치의 양과 질의 결과다. 단순하지만 매우 중요한 진리다. 진리는 모든 이에게 공통으로 작용하는 만유인력처럼 동일한 공식으로 적용된다.

소득별로 살펴보면 다음과 같다.

금융소득 : [돈 = 가치 제공 =〉 원금의 양 =〉 이자/배당의 크기 결정]
사업소득 : [돈 = 가치 제공 =〉 제품/서비스의 양과 질 =〉 매출액/순이익의 크기 결정]
근로소득 : [돈 = 가치 제공 =〉 노동시간의 양과 질 =〉 월급/연봉의 크기 결정]
임대소득 : [돈 = 가치 제공 =〉 원룸/오피스텔/상가의 양과 질 =〉 월세/임대료의 크기 결정]

어떤 형태로든 타인에게 제공하는 가치의 양과 질이 돈으로 돌아오는 것이다. 따라서 돈 자체에 집중하는 것이 아니라 어떤 가치 제공을 할 것이냐에 집중하느냐가 더 올바른 관점이다. 사람들에게 어떤 가치를 제공하고, 얼마나 많은 양을 제공하고, 얼마나 수준 높게 제공하느냐에 집중하면 돈은 따라온다. 제공한 가치를 점수로 환산한 것이 돈이다.

그래서 어떤 백만장자는 돈을 머니게임의 점수표스코어로 생각하며 돈을 번다. 이와 관련하여 세계적인 동기 부여 전문가이자 변화심리학의 권위자인 토니 로빈스Tony Robbins는 "나는 오랫동안 가치 있는 일을 찾아내서 사람들이 올바르게 이용할 수 있도록 전달함으로써 사람들이 삶의 질을 향상시키도록 도와왔다. 변화를 위한 기술을 창안하고 그 기술을 영향력 있는 방법으로 전달함으로써 나의 사업은 성공했다"라고 말했다.

존경받는 유대교 율법학자이자 지도자이며 조지 W. 부시 대통령의 보좌관이었던 다니엘 라핀Daniel Lapin도 이렇게 말한다.

"돈이 무엇인지 알라. 돈의 진정한 속성에 대해 이해하지 않고 단순히 부자들을 연구하여 수입을 늘리는 방법만을 배우려는 사람은 연기의 기술을 제대로 공부하지 않고 짐 캐리를 연구하는 배우 지망생과 같다. 더 많은 돈을 끌어모으고 싶다면 돈을 깊이 이해하는 데에서 출발해야 한다. 정확히 돈이란 무엇인가? (중략)

우리의 시간, 존엄성, 기술, 건강, 경험, 인내심을 측정하는 매우 편리한 방법이다."

해결성 :
경제력이 낮다는 것은
문제해결 수준이 낮다는 뜻이다

두 번째 관점은 해결성이다. 일, 비즈니스, 관계 등에서 발생하는 수많은 문제를 해결하는 수준과 양만큼 돈이 들어온다. 문제를 해결하지 못하면 돈은 우리에게 오지 않는다.

이와 관련하여 유럽 최고의 머니 트레이너 보도 섀퍼는 "문제를 피하면 부와 행복을 얻을 수 없다. 남보다 돈을 더 많이 갖고 싶은 사람은 그만큼 나를 키워야 한다"고 강조한다. 즉 문제해결력이 그 사람의 크기이다. 그 사람의 크기가 그 사람 인생에 돈을 담을 수 있는 그릇의 크기다.

무일푼에서 불과 2년 반 만에 백만장자가 된 하브 에커는 "문제의 크기는 결코 문제가 아니다. 중요한 것은 당신의 크기다! 삶에 커다란 문제가 있다면, 그것은 당신이 작은 사람이라는 뜻이다! 보이는 모습에 속지 말라. 이 상황이 영원히 달라지기를 바란다면 문제의 크기를 쳐다보지 말고 당신의 크기를 쳐다보라!"라고 말했다.

모든 스포츠에는 레벨이 있다. 스포츠에서 수준이 10인 사람이 볼 때 수준이 1인 사람이 겪는 어려움이 어떻게 보이겠는가? 반대로 수준이 1인 사람은 그 문제가 마치 세상에서 가장 어려운 문제로 느껴질 것이다.

경제적인 문제에서도 같은 이치가 적용된다. 월 3,000만 원 버는 사람과 월 300만 원 버는 사람은 경제적인 문제 해결력의 크기가 다르다. 300만 원 소득은 300만 원 수준의 문제 해결력을 의미한다.

3,000만 원을 벌기 위한 도전, 골치 아픈 일, 실패에 대한 두려움, 불안정한 기간을 감당할 용기, 책임을 지는 상황 등을 이겨낼 만큼 크지 않다. 한마디로 경제력이 약하다. 해결 수준이 낮은 것이다.

돈은 벌고, 지키고, 유지하고, 불리는 과정에서 발생하는 문제를 잘 해결하는 사람에게 간다. 환자의 몸에서 발생하는 질병을 정확하게 진단하고 치료하는 의사에게 환자가 몰린다. 큰 질병을 잘 치료할수록 존경받는 명의가 되듯이, 큰 문제를 잘 해결하는 사람이 큰 부자가 된다.

큰 재판에 승소율이 높을수록 인정받는 법조인이 되듯이, 어려운 장애물을 잘 극복하는 사람이 큰 부자가 된다. 문제를 넘어서는 큰 사람이 되도록 자신을 키워야 한다.

수단성 :
돈은 목적이 아닌 수단이다
유익하게 사용할 때 돈의 주인이 될 수 있다

세 번째 관점은 수단성이다. 돈은 목적일까? 수단일까? 행복을 돈으로 살 수 있을까? 사랑을 돈으로 살 수 있을까?

돈은 목적이 아니라 더 큰 가치를 의미 있고 크게 해주는 중요한 수단이다. 더 큰 가치는 행복, 사랑, 자유, 성취, 발전, 풍요, 기여, 영향력, 명예, 건강, 칭찬, 인정, 관심, 느낌, 존경, 자존심, 즐거움 등을 의미한다.

대표적으로 돈은 행복을 얻기 위한 수단 중 하나다. 행복과 사랑을 돈으로 살 수 없으며, 다만 행복과 사랑을 더 크게 만드는 수단이 될 수는 있다.

비유하자면 여행을 할 때 교통수단을 선택하는 것과 같다. 도보, 자전거, 기차로 여행하는 것보다 비행기를 선택하는 것이 갈 수 있는 거리나 여행의 질을 높이는 데 효과적인 것과 같은 이치다.

스마트폰과 비유할 수도 있다. 스마트폰이 우리 삶의 풍요와 편리함을 주지만 그 자체로 행복을 줄 수 없는 것과 같다. 스마트폰으로 사랑하는 사람과 더 빠르고 편리하게 연락한다. 스마트폰으로 원하는 정보를 빠르게 얻고 삶의 질을 올릴 수 있다. 하지만 스마트폰을 가지고 있는 모든 사람이 행복하지 않다. 심지어 스마트폰이 없어도 충분히 행복할 수 있다. 스마트폰이 없던 시절을 생각해보라.

정리하면 돈의 수단성에 대하여 두 가지를 인지해야 한다.

첫째, 돈이 없어도 행복할 수 있다. 돈의 본질은 수단이기 때문이다. 행복과 사랑의 질을 올리는 수단으로 인지하면 적확하다.

둘째, 돈이 있으면 행복의 질을 올릴 가능성이 높아진다. 내가 추구하는 더 큰 가치를 이루는데 큰 도움이 된다. 이에 대해 스노우 폭스SNOW FOX라는 그랩&고GRAB & GO 개념의 레스토랑의 대표이면서, 각종 강연을 통해 한국 업체의 해외 진출을 돕는 'CEO메이커' 사장들을 가르치는 사장로 활동하는 김승호 회장은 다음과 같이 말한다.

"사실 돈으로 행복을 살 수 없다는 말은 돈에 대한 잘못된 이해에 기초하고 있다. '돈이 얼마나 있으면 행복하느냐' 의 관점이 아니라 '돈을 어떻게 사용하느냐' 에 대한 관점으로 바꿔야 맞는 질문이다. 스스로 만족할 줄 알고 사회와 이웃에 기여할 수 있는 현명한 삶을 배운 사람이라면 돈이 많을수록 행복해질 수 있다."

이처럼 돈은 행복을 높여주는 좋은 수단이니 잘 대하고 사용해야 하는 대상임을 인지하면서도, 한편으로는 그 수단이 없어도 행복할 수 있도록 준비해야 하는 것이 우리의 몫이라 할 수 있다.

그런 의미에서 돈은 양날의 검과 같다. 잘 사용하면 우리에게 유익하고 잘못 사용하면 우리 자신을 베는 무서운 칼이다. 유익하게 사용하는 것의 의미는 돈의 주인이 되어 순기능을 누리는 것이다. 유해하게 사용하는 것은 돈의 노예가 되어 역기능의 피해를 받는 것이다. 인생에 돈 문제로 먹구름이 드리우면 큰 불편함과 부작용이 득실댄다. 돈은 매우 중요하고 가치 있고 소중하지만 돈에만 집착하면 안 된다. 필수적이지만 전부가 되어서는 안 되는 것이다.

돈의 순기능: 돈은 행복을 위한 수단이다 (돈의 주인인 상태)	돈의 역기능: 돈이 인생의 목적이다 (돈의 노예인 상태)
1. 자유 시간 갖기	1. 가족관계 악화
2. 건강에 투자 가능	2. 친구관계 악화
3. 육체에 좋은 영양 공급	3. 세상의 모든 것의 무시, 비하 태도
4. 충분한 휴식 즐기기	4. 불가피한 육체적, 정신적 과로
5. 지나친 노동으로부터 탈출	5. 워커홀릭(일 외 모든 가치 소홀)
6. 매끄러운 인간관계 지속 및 확장	6. 금전적 어려움으로 겪는 생활고
7. 인생의 여러 문제를 효과적으로 해결	7. 금전적 문제로 정신 자세의 빈약
8. 편리하고 편안한 생활 수준 향유	8. 금전적 걱정으로 에너지 소진
9. 더 좋은 곳에 빠르고 편하게 가기	9. 가난에서 오는 자신감/자존감 하락
10. 더 좋은 것을 원하는 때 먹기	10. 탐욕과 허영심으로 불필요한 사치
11. 내가 좋아하는 일만 하고 싶을 때 하기	11. 소소한 기쁨을 느끼는 감각의 둔화
12. 삶과 목표에 대한 무한한 기회 제공	12. 작은 것에 만족하는 마음의 경직

수단인 돈에 대한 욕구가 지나치게 되면 부작용이 발상한다.

[갈망 → 욕심 → 욕망 → 탐욕 → 집착]이 되었을 때 역기능을 주의해야 한다. 인간관계에서 지나친 집착이 부정적인 갈등의 근원이 되듯이 돈에 대한 잘못된 마음이 삶에서의 부작용을 만든다.

그러나 건강한 욕구를 가지고 돈의 순기능을 올바르게 사용한다면 행복과 만족감을 극대화할 수 있다. 돈이 없어도 행복할 수 있는 방법을 터득한 사람은 돈에 대한 탐욕이나 집착에 대한 부작용을 효과적으로 피할 수 있다.

작은 돈으로도 소확행소소하고 확실한 행복 기술을 터득한 사람은 감기를 위한 예방주사를 맞은 것과 같다. 효과적인 감기약을 가진 것과 같다.

돈의 위대함과 무서움을 알아라
돈의 순기능과 역기능을 이해하라

돈에 대해 부자들이 갖고 있는 3가지 관점	
이타성利他性	- [가치제공]의 크기와 넓이 만큼 돈이 들어온다 - 제공한 가치(즐거움, 문제해결, 안전제공 등)
해결성解決性	- 여러 문제를 해결하는 양률 만큼 돈이 들어온다 - 어려움/장애물 극보의 수준 = 돈 그릇의 크기
수단성手段性	- 돈이 목적이 아니라 돈은 목적을 이루기 위한 수단이다 - 목적(행복, 사랑, 즐거움 등) →수단(돈)
지피지기 백전백승知彼知己 百戰百勝 : 적을 알고 나를 알면 승리한다. 삶에서 나를 알고, 돈을 알면 부자가 된다. 돈의 본질과 대표적인 특징을 올바르게 알고 돈을 대하자. 부자가 되고, 행복한 부자가 될 수 있다.	

결론적으로 우리 삶에 중요한 역할을 담당하는 돈의 본질을 명확히 숙지하는 것은 매우 중요하다. 돈의 위대함과 무서움을 알아야 한다. 돈은 순기능과 역기능이 있다. 국가가 경제력이 약하면 국력

약화로 이어지고 세계 속에서 국민을 보호할 수 없다. 돈이 다른 가치들보다 상위로 올라가는 사례다. 반면에 국가가 경제력이 강하면 더 효과적으로 국민을 보호하고 세계와 손잡고 더 나은 세상을 만들 수 있다.

물론 경제력 강한 국가가 국민 모두의 행복을 보장해줄 수 없다. 돈이 모든 것을 해결하는 만병통치약으로 접근하는 것도 어리석은 일이고, 그렇다고 돈의 순기능을 무조건 부정하는 것도 바람직하지 않다. 중심이 있는 관점을 가지는 것이 중요하다. 대중에게 향하는 돈을 긍정적으로 바라보고 사용하면 국가와 인류에게 유익한 병원, 도서관, 공원, 환경을 만들 수 있지만, 집착과 탐욕으로 바라보면 전쟁, 기아, 불평등, 고독, 외로움을 만들게 되기 때문이다.

적을 알아야 승리할 수 있고, 적을 알아야 그들의 주인이 될 수 있다. 음식 재료의 특성과 그 속에 담긴 철학과 관점을 올바르게 인지할 때 감동과 감탄을 주는 음식을 만들 수 있다. 요리사의 겉으로 보이는 스킬과 표면적인 레시피에만 관심을 가진다면 결코 맛있는 음식을 만들 수 없다.

돈의 본질과 속성, 돈에 대한 올바른 관점을 가질 때 우리의 삶에 행복과 풍요가 가득하게 된다. 세상에 제공한 가치의 대가로 받는 것이 돈이다. 우리 삶과 일에 주어진 문제들을 해결하여 형성된 그

룻의 크기만큼 담기는 것이 돈이다. 이런 특징과 관점을 심도 있게 이해하고 체화한다면 돈은 우리와 함께 하고 싶어서 러브콜을 하게 될 것이다.

부자의 태도를 익혀라

: **부자들이 공통적으로 갖고 있는** 4가지 태도를 갖추자

올해 벌써 4살이 된 조카를 보면 절로 웃음이 나온다. 쳐다보면 수줍어하면서 도망가고, 일부러 무관심한 척하면 조용히 다가와서 장난을 친다. 흐렸던 발음이 엊그제 같은데 이제는 곧잘 또박또박 말하고, '곰 세 마리' 노래도 잘 부른다.

그런데 깜짝 놀랄 사건을 목격했다. 엄마가 옷을 입혀주고, 신발을 신겨주면 평소에는 얌전히 있던 조카가 이제는 '제가 할게요' 라고 말한다. 놀랍다. 필자의 눈에는 180도 바뀐 태도가 신기하고 놀랍다.

아이가 스스로 하려는 것이 많아진다는 것은 성장하고 있다는 신호가 아닌가? 시간이 지나면 이제 음식 메뉴부터 헤어스타일, 의상 색깔, 휴일 소풍 장소도 모두 자기가 선택하고 조정하고 싶어할 것이다.

이것은 수동적인 태도에서 주도적인 태도로의 전환이다. 차량 조수석 탑승자 포지션에서 운전석의 운전자 포지션으로 전환된 혁명적인 사건이다.

25살에 사업체를 차려 매해 수백만 달러를 벌어들여 약 3년 만에 슈퍼리치가 된 알렉스 베커는 부자들이 갖고 있는 태도에 관하여 "당신이 지금 그저 가난하다거나 좌절한 상황이라면, 정신 차려라. 더 이상 끔찍하게 살고 싶지 않다면 무엇 때문이든 그만 탓하라. 거울을 보라. 그 속에서 당신을 쳐다보는 불평만 하는 겁쟁이를 탓해야 한다"라고 일침했다.

부자학이 공통적으로 말하는 것이 '자기 주도적인 삶'이다. 부자학은 삶의 운전대를 스스로 갖는 '운전자 포지션'이 부자가 되는 초석임을 강조한다. 조수석에 앉아서 수동적인 태도로 자신의 삶을 남에게 맡기는 포지션은 빈자로 가는 지름길임을 역설한다.

> 결과는 내가 만든다는 태도.
> 남에게 의존하지 않고 내 삶의 풍요는 내가 직접 창조한다는 포지션.
> 내 인생은 내가 직접 만드는 것으로 믿고 있는 마음가짐.

이것이 부자가 되는 강력한 신념이다. 특히 경제적인 풍요와 관련해서는 '운전석 포지션'을 겸비해야 한다.

조수석에 앉은 사람은 4가지의 확실한 태도를 가지고 있다.

1. 피해자 태도

2. 비난자 태도

3. 변명자 태도

4. 투덜이 태도

반면 운전석에 앉은 사람도 확실한 태도를 가지고 있다.

1. 관리자 태도

2. 책임자 태도

3. 인정자 태도

4. 감사인 태도

부자와 빈자를 가르는

첫 번째 차이,

피해의식

부자와 빈자를 가르는 첫 번째 차이는 '피해의식'에 있다.

우리는 스스로를 피해자 포지션을 취할 수도 있고, 관리자 포지선을 취할 수도 있다. 삶에서 같은 상황이 발생하더라도 빈자는 피해자 포지션을 취하고, 부자는 관리자 포지션을 취한다. 예를 들어 집에 도둑이 들었다. 빈자는 도둑이 다녀간 사실에 집중하며 '나는 불쌍한 사람이야', '나는 피해자입니다' 라고 주장하며 피해자인 척하기에 바쁘다. 그러면서 불쌍한 상황을 끌어당기게 된다. 결국 실제 상황은 그 정도가 아닌데 더 불쌍한 사람이 되어버린다.

반면에 부자는 이번 기회를 삼아 다음엔 도둑이 들지 않도록 예방하는데 집중하며 도난방지 시설 설치, 도난보험 가입, 안전한 지역으로 이사 등을 고려하며 관리자의 역할을 실천한다. 결국 추가적인 피해를 받지 않은 단단한 사람이 된다.

아침에 출근하려고 차에 갔는데, 누군가가 심하게 긁어놓고 도망을 갔다. 여기에서도 목에 핏대를 세우며 화를 내고, 감정 소모를 하고, 하루 종일 불쾌한 기분으로 피해자인 태도로 지내는 것은 빈자의 모습이다. 사건 자체는 이미 지나갔으니 어쩔 수 없는 일로 여기고 뺑소니 사고 접수, 보험 처리 접수, CCTV가 설치되어 있고 관리가 잘 되어 있는 주차장 정기권 구매, 성능 좋은 블랙박스 설치 등에 집중하여 추후 사고 예방을 도모하고 자신의 감정 소모를 최소화하는 것이 관리자 태도다.

사기를 당하거나 재난 때문에 피해를 보거나, 원치 않는 질병 등도 마찬가지다. 피해사실에 집중하고 피해자임을 강조는 행동을 하는 동안 몸과 마음은 편할 수 있지만, 경제적인 성공과는 거리가 멀어지게 된다. 사건 자체에 대한 대처와 해결과 예방에 집중하는 관리자의 태도를 갖는 것이 경제적인 성공과 가까워지는 길이다.

부자와 빈자를 가르는
두 번째 차이,
남 탓하기

두 번째 태도는 비난자 태도이다. 남을 탓하고 미워하며 원망하는 게임에 익숙해지는 것은 마음이 편안하고 즐거운 일이다. 잘 되면 내 탓, 안 되면 남 탓을 하는 것은 인간 본연의 심리다. 그것은 내가 책임을 지지 않아도 되고, 나는 착한 사람이 되는 손쉬운 방법이다.

내가 잘 안 되는 이유는 당신 때문이고, 환경 때문이다. 최대한 많은 환경 탓을 하고 최대한 많은 사람에게 손가락질을 해야 내 마음이 편하다. 내가 가난한 이유는 부자들이 돈을 다 벌어가버렸기 때문이다. 부모, 친구, 선생님, 교육제도, 정치, 대통령 때문이다. 내 사업과 투자가 원활하지 않는 것은 증권회사와 은행 직원 때문이다. 시장, 거래처, 고객, 법, 제도, 문화, 계절 때문이다. 회사에서 승승장구하지 못하는 것은 상사, 동료, 후배, 경영진, 회사의 전략과 비전, 회사의 평가 및 인사제도, 배우자, 신 때문이다.

딱 한 사람만 정상이다. 바로 나.

비난자 태도가 누적되면 부작용이 있다.

첫째는 주변에 사람이 떠나가게 된다. 입장 바꿔 생각해보라. 틈만 나면 '당신 때문이야' 라고 하는 사람과 누가 함께 하고 싶겠는가?

두 번째는 무책임해지고 무기력해진다. 남의 탓, 환경 탓을 하는 것은 자신의 책임을 미루는 것이다. 그러면 굳이 내가 노력할 필요가 없어진다. 탓을 하면 내가 할 것이 아무것도 없어진다. 무책임한 사람이 되는 것이다. 무책임하고 주변에 사람이 떠나간 사람이 부자가 될 수 있을까?

경영 컨설턴트인 보도 섀퍼는 "우리는 자신이 한 일뿐 아니라, 하지 않은 일에 대해서도 책임을 져야 한다. 때때로 책임을 피하고픈 유혹 또한 적지 않다. 책임이 하나도 없으면 살기 쉽고 편할 것 같은 생각이 들 때도 많다. 하지만 그 대신 치러야 하는 대가는 아주 크다. 항상 다른 사람의 노리개가 되어야 하고, 다른 사람이 다 짜놓은 각본에 따라 살 수밖에 없기 때문이다"라고 했다. 부자는 비난자 태도를 지양하고 문제의 원인과 책임을 자신을 향하도록 하는 책임자 태도를 지향한다. 가난한 시절을 겪었던 부자들은 '가난한 것은 나 때문이야' 라고 생각한다.

부자와 빈자를 구별하는
세 번째 차이,
변명하기

부자와 빈자를 구별하는 세 번째 특징은 변명자 태도다.

경제적으로 부족한 자신의 상태를 인정하지 않고 변명하기 바쁘다. 경제적으로 부족한 이유를 찾기 바쁘다. 합당한 이유를 찾는 데 익숙하다. '돈은 중요하지 않아요' , '돈보다 중요한 것은 많아요' , '돈으로 모든 것을 해결할 수 없어요' 라고 말한다. 돈이 없음을 변명하기 위한 비겁한 답변들이다.

더 마음 아픈 것은 이런 변명들이 더욱더 가난하게 만드는 이유가 된다. 배우자에게 '나는 당신이 중요하지 않아요' 라고 말한다면 배우자가 떠나갈 것이다. 회사가 직원에게 '당신보다 중요한 것은 많아요' 라고 말한다면 직원은 퇴사할 것이다. 같은 이치로 돈 입장에서도 '돈은 중요하지 않아요' 라고 말한다면 당신에게서 돈은 떠나갈 것이다.

돈은 중요하지 않다고 변명하는 사람은 돈이 없는 사람이다. 돈보다 사랑이 중요하다고 하는 사람은 말도 안 되는 비교로 자신의 부족함을 감추고 있다. 언어 공부를 하면서 듣는 것보다 말하는 것이 중요하다고 말하는 것과 같다. 읽는 것보다 쓰는 것이 중요하다고 하는 꼴이다. 말도 안 되는 소리다. 듣기, 말하기, 읽기, 쓰기 다 중요하다. 각각의 중요성을 갖고 있는 것이지, 비교의 대상이 아니라는 것이다. 다 중요하다. 돈도 중요하고 사랑도 중요하다. 무엇이 중요한지가 논점이 아니라는 것이다.

이상한 비교로 자신의 경제적 무능을 감추려는 태도가 문제다. 자신의 부족함을 감추는 데 급급할 것이 아니라, 하루라도 빨리 인정하고 개선하는 데 집중하는 것이 부자의 태도다. 변명자 태도를 버리고 인정자 태도를 갖추자. 그래야 부자 될 가능성이 올라간다.

부자와 빈자를 구별하는
네 번째 차이,
투덜대기

네 번째 특징은 투덜이 태도다. 투덜이는 스스로 부자되는 길을 차단하는 최악의 태도다. 매사에 만족스럽지 못한 사람과 대화를 나눠 보았는가? 대화하는 동안 웃는 시간이 많았는가? 아니면 눈살을 찌푸리는 시간이 많았는가? 대화가 끝나고 뒤를 돌아보면 이것도 불만, 저것도 불만이다. 투덜이 습관을 갖고 있는 사람과 대화를 하다보면 에너지를 빼앗기는 기분이 든다. 부정적인 에너지는 전염되기 때문에 당신도 부정적으로 변할 가능성이 높아진다. 불평불만은 부정 에너지다. 부정은 부정을 낳는다.

똥 옆에 있으면 똥파리가 꼬이듯이, 부정 에너지 옆에 있으면 부정적인 일이 꼬이게 마련이다. 불평불만이 많은 투덜이들은 인생이 평탄하지 않을 확률이 높다. 끼리끼리 모이기 때문에 고달픈 경험을 끌어들일 확률이 올라간다. 모이면 서로 이기려고 불평불만 경진대회를 연다. 안타까운 모습이다.

꽃 옆에 있어야 향기도 맡을 수 있고, 꿀벌을 만나게 된다. 투덜이 태도를 가진 사람들은 피해야 하고, 꼭 함께 있어야 할 상황이라면 대화를 자제하자. 스스로도 투덜이 태도가 아니라 매사에 감사하는 마음으로 생활하는 감사인 태도를 갖추자. 불평하면서 동시에 만족할 수 없다. 불만을 품음과 동시에 긍정적인 것을 품을 수 없다.

주어진 것에 만족하는 마음을 채우자. 이에 대해서 미 역사상 가장 영향력 있는 강사로 기억되는 짐 론Jim Rohn은 "5분 동안 불평한다면, 당신은 그 시간만큼 낭비한 셈이다. 그래도 계속 불평한다면,

머지않아 경제적 사막으로 끌려나가 거기서 후회라는 먼지에 질식할 것이다"라고 말했다.

성공한 사람은
투덜거릴 시간이 없다
긍정적인 부분에 집중하며
지혜롭게 행동한다

피해자, 비난자, 변명자, 투덜이, 이 4가지 태도는 경제적인 삶에 먹구름을 드리우는 주범들이다. 빈자들이 갖고 있는 공통적인 태도이다.

반면에 관리자, 책임자, 인정자, 감사인은 부자들이 갖고 있는 강력하고 건설적인 태도다. 이 4가지 태도가 삶에서 풍요를 창조하는 데 핵심적인 역할을 한다. 부자와 빈자를 구분하는 확실한 특징이 된다.

물론 사회 시스템이나 경제 시스템의 한계가 있으면 제한적인 부분이 많다. 그런 것까지 내 탓으로 돌리고 책임질 필요는 없다. 국가 시스템을 바꾸려면 대통령을 해야 하지 않겠는가? 다만, 동일한 국가 안에서 최대한 풍요로워지는 데 도움이 되는 태도가 운전자 포지션인 것이다.

세계적으로 경제적 수준이 낮은 국가이든, 높은 국가이든 부자는 존재한다. 절대 인원의 차이는 있겠지만, 부자가 되는 길과 태도는 분명히 존재한다. 인구 5,000만의 1%가 부자이면 50만 명이다. 내가 50만 명 중에 하나가 될 수 있다고 생각하는 게 이상한가? 50만 명의 부자들이 공통적으로 갖고 있는 태도가 있으며, 그런 태도를 겸비하면 당신의 경제적인 성공에 도움이 된다.

부자는 운전석의 운전자처럼 자기 주도적으로 삶을 만들어나간다. 국가의 교육제도는 바꿀 수 없지만, 오늘 하루 어떤 책을 읽을 것인가, 어떤 수업을 들을 것인가, 무엇을 전공할 것인가는 내가 선택한다는 태도다.

빈자는 자신의 인생 철학을 비난하기보다 정부와 환경을 비난하는 것을 선택한다. 나의 인생 계획을 세우는 것보다 다음 달 휴가 계획 세우는 것에 더 많은 에너지를 쏟는다. 결국 원하는 목적지에 갈 수 없으며, 비난하기 바쁘다.

경제적 풍요를 돕는 태도를 갖추자. 지금 당장, 경제적인 성공을 보장하는 운전석 포지션을 겸비하고, 부자의 길을 걷자.

불평불만 묵언 수행

일주일간 불평불만 절대로 안 하기 수행이다. 생각이든 말이든 불평불만을 했다면 내용을 적어보고, 반성하고, 태도를 바꾸기 위해 노력하자. 7일 연속으로 (X)가 되면 성공적이다.

구분		내용	결과
1일차	불만 상황	ex) 비효율적 회의, 꼰대 상사의 언행 등	(O/X)
	말 / 생각	ex) 휴, 시간 아까워, 어떻게 저런 말을…	
	태도 전환	ex) 회의 준비, 적극 참여, 귀막기, 면담 신청 등	
2일차	불만 상황		(O/X)
	말 / 생각		
	태도 전환		
3일차	불만 상황		(O/X)
	말 / 생각		
	태도 전환		
4일차	불만 상황		(O/X)
	말 / 생각		
	태도 전환		

5일차	불만 상황		(O / X)
	말 / 생각		
	태도 전환		
6일차	불만 상황		(O / X)
	말 / 생각		
	태도 전환		
7일차	불만 상황		(O / X)
	말 / 생각		
	태도 전환		

개미가 될 것인가, 베짱이가 될 것인가?

: 시스템 구축이 부자 되기의 핵심이다

다음은 월급의 40%씩 30년 저축을 단순 계산한 것이다.

월급 250만 원(월 100만원 저축 X 12개월 X 30년) = 3억 6,000만 원

월급 500만 원(월 200만원 저축 X 12개월 X 30년) = 7억 2,000만 원

당신은 40% 저축을 실천하고 있는가? 월 100만 원씩 저축을 하는가? 월 100만원 저축하기가 수월한가? 월 100만 원씩 30년 저축하면 3억 6,000만 원이다. 월 200만 원씩 저축하면 7억2,000만 원이다. 이 정도 금액이면 경제적으로 자유로울까?

30년에 7억2,000만 원으로는 경제적 자유는 어려워 보인다. 30년 동안 쓸 돈도 많고, 돈이 새어나갈 유혹도 많고, 투자 좀 해보려다

가 손해볼 수 있는 리스크도 있다. 그런데도 개미처럼 열심히 일만 해야 하는가?

이제 월급쟁이만으로 부자가 될 수 없다는 사실은 전 국민이 다 알고 있다. 월급쟁이도 충분히 행복할 수 있다고 주장하고 싶지만 경제적인 부분에 있어서 충분하기 어려운 것은 사실이다. 월급쟁이는 경제적 자유로 가는 빠른 교통수단은 아닌 것으로 보인다.

자전거, 오토바이, 자동차, 기차, 비행기, 타임머신 등의 교통수단이 있다. 경제적 자유를 얻기 위해서 부자는 자전거보다는 비행기에 관심을 가지는 사람들이다. 가난한 사람들이 경제적 자유를 얻기 위해 관심을 가져야 할 것은 부자들이 타는 교통수단의 종류다. 힌트는 부자가 내는 세금의 종류이다. 부자들의 세금 포트폴리오다.

부자들은 어떤 세금을 내고 있고, 어떤 소득을 벌고 있을까? 답은 예상 했듯이 '불로소득' 이다. 내가 일하지 않아도 돈이 돈을 버는 소득을 추구한다. 내 대신 돈을 벌어줄 시스템을 추구한다. 잠잘 때도 소득을 벌어주는 파이프라인이 존재한다. 한 가지에 의존하지 않고 다양한 소득 주머니를 지향한다. 캐시플로의 출처를 다양하게 해야 한다는 마인드가 확고하다.

근로소득세만 내고 사는가?
다양한 종류의 세금을 내고 사는가?
지금 내는 세금의 종류는 부자의 선행지표다

《하마터면 열심히 살 뻔했다》의 저자 하완은 '개미와 베짱이' 이야기를 통해 부자가 되는 포인트를 짚었다. 우리는 베짱이처럼 놀면 안 되고 개미처럼 일해야 한다고 배웠지만, "맨날 노래만 부르던 베짱이는 자신이 가수가 되기에 부족하다는 걸 깨달았다. 결국 베짱이는 자신이 작곡한 곡을 신인 걸그룹에게 줬는데 그게 대박이 난다. 베짱이는 유명 작곡가가 됐다. '용감한 베짱이' 라는 예명으로 여러 개의 히트곡을 발표했고, 저작권료만으로도 평생 놀고먹을 수 있게 됐다나" 라는 의미심장한 스토리가 된다.

비유하자면 개미는 열심히 일해서 근로소득세만 꼬박꼬박 100% 납부하는 성실납세자다. 베짱이는 개미가 열심히 일만 하는 동안에 음반을 통해서 사업소득세와 기타소득세를 납부하고 늘어난 현금으로 이자소득세도 납부한다.

부동산 투자를 통해 양도세와 임대소득세도 납부한다. 주식투자를 통한 배당소득세도 납부한다.

당신은 개미처럼 근로소득세만 납부하는 납세자인가? 아니면 베짱이처럼 다양한 세금을 내는 납세자인가? 현재 매년 납부하는 소득세의 종류는 정확히 무엇인가? 당신이 내는 세금의 종류는 부자가 될 가능성을 가늠하는 선행지표가 된다.

개인이 내는 세금을 살펴보면 우선 종합소득, 퇴직소득, 양도소득으로 분류 과세한다. 종합소득은 이자소득, 배당소득, 사업소득, 근로소득, 연금소득, 기타소득의 합이다. 양도소득은 주식 및 부동산 등을 양도할 때 발생하는 매매 차익에 과세한다. 사업소득은 모든 개인사업과 부동산 임대사업을 포함한다. 개인사업체를 법인으로 전환하면 법인세법의 적용을 받는다. 기타소득은 종합소득 5가지에 포함되지 않는 모든 소득에 과세된다. 흔히 접하는 저작권, 특허권 등 권리에서 발생하는 소득이나 일시적인 강사료, 자문료 등은 기타소득에 포함된다.

이중에 부자가 관심을 가지는 소득은 무엇인가?

이자소득과 배당소득, 연금소득 등 시간만 지불하면 돈이 돈을 벌어주는 '불노소득'이다. 그리고 나의 시간과 에너지를 투입하지 않아도 불특정 다수에게 노출 되어 벌어들이는 '시스템 소득'이다. 저작권, 특허권, 소유권, 라이센스, 부동산 임대 수익 등이 있다. 또한 나의 시간과 에너지가 들어가더라도 다른 사람을 채용하여 함께 노동하여 제품과 서비스를 창출하고 유통시키는 '사업소득'이다.

마지막으로 주식과 부동산 등 자본력을 바탕으로 매매차익을 얻는 '투자소득'이다.

즉 부자는 나 대신에 돈을 벌어주는 돈, 시스템, 사람이 있는 덕분에 부자가 쉬고 있고 잠자고 있어도 돈이 자동으로 벌리는 구조를 좋아한다. 이에 대하여 미 역사상 가장 영향력 있는 강사로 기억되는 짐 론은 "부자와 가난한 사람의 철학은 다음과 같다. 경제적으로 자립하려면 반드시 수입의 일부를 자본으로 바꾸고, 자본을 사업으로 바꾸고, 사업을 이윤으로 바꾸고, 이윤을 투자로 바꾸고, 투자를 경제적 자립으로 바꿔야 한다"고 말했다.

> 부자는 시스템이 돈을 벌게 만든다
> 가난한 사람은 시스템 없이
> 일만 열심히 한다

뉴욕타임즈 190주 연속 베스트셀러를 기록한 《영혼을 위한 닭고기 수프 2》 중에 나오는 '때로는 다른 시도를'이라는 스토리는 유리창 안에서 사투를 벌이며 밖으로 나가려 노력하는 파리에 대하여 다음과 같은 질문을 던진다.

"왜 파리는 노력을 멈추고 다른 방법을 시도하지 않았을까?

왜 반대편 방향을 한 번이라도 바라보지 않았을까?

파리는 어떤 이유로 유리창에 머리를 부딪치는 방식과 노력만이 성공을 보장한다고 그토록 단단히 믿게 되었을까?

무슨 논리로 파리는 목숨을 버리면서까지 그 방식을 버리지 못한 걸까?"

그러면서 "더 열심히 노력하는 것, 그것이 반드시 성공의 열쇠는 아니다. 어쩌면 당신이 삶에서 진정 원하는 무언가를 가져다주지 못할 수도 있다. 때로는 일방적인 노력 자체가 큰 문제일 수 있다"고 말한다.

왜 대부분의 사람들은 파리처럼 지금까지 해오던 데로 열심히만 살게 되는 걸까?

첫째는 열심히 하면 언젠가 성공할 것이라는 믿음 때문이다. 한눈팔지 않고 열심히 하면 성공한다는 신념 때문이다. 이런 노동관은 노동의 대가가 충분하게 주어지는 환경에서는 바람직하다. 그러나 그런 시대는 지나간 지 오래다.

바야흐로 4차 산업혁명 시대가 되고 급변하는 시대에 살고 있는 상황에서 근면하기만 한 노동자에게 충분한 보상은 없다. 차별화되고 스마트하고 빠르게 움직이는 사람에 대한 보상이 높아지는 시대로 환경이 변했다.

둘째는 관심이다. 관심이 없고, 관심이 있다 하더라도 방법도 배울 기회가 없었다. 초등학교부터 대학교 졸업할 때까지 16년 동안 열심히 공부하는 목적은 안정적이고 좋은 회사 취업하고 열심히 일해서 돈 많이 벌기 위함이다. 그 목적 중에 내가 일하지 않아도 나를 위해 일하는 시스템을 만들어야 한다는 항목은 없다.

16년 동안이나 무의식 속에 [돈을 버는 것 = 일]이라는 방정식이 깊게 뿌리 박혀 있다. 그래서 일을 하지 않아도 돈이 들어오는 시스템은 비정상적이고 비상식적인 것으로 보인다. 부자의 탐욕을 채워주고 불법적으로 행해지는 나쁜 시스템으로 보인다. 그래서 가난한 사람은 시스템 구축보다는 일하기에 바쁘다.

평생 일만 열심히 하는 사람이 부자가 될 수 없는 이유다.

피라미드를 짓기 위해
평생 돌만 열심히 나를 것인가?
피라미드 짓는 기계를
발명할 것인가?

파리의 목숨을 구하기 위해서는 어떻게 해야 할까? 파리가 살아남기 위해서는 어떤 생각과 행동을 해야 할까?

경제적 자유의 열쇠는 일을 하지 않아도 돈을 벌어주는 '시스템' 이다. 내가 일하지 않아도 돈이 들어오는 파이프라인의 양과 질이 경제적 자유의 수준을 결정한다. 간단하다. 시스템이 없으면 평생 일해야 한다. 일하고 싶을 때 일하고 일하기 싫을 때 쉬어도 되는 경제적 자유가 없다. 원하는 때, 원하는 만큼만 일할 수 있는 시간적 자유가 없다.

돈을 위해서 내가 일하는 것과 나를 위해서 돈이 일하는 것. 전자는 가난한 사람이고, 후자는 부자다. 당신은 어느 쪽인가?

물론 열심히 일하는 태도 그 자체는 중요하다. 하지만 삶을 열심히 일하는 것만으로 채운다고 해서 부자가 될 수 없는 것이 현실이다. 아침 출근길 지옥철에는 수백만 명이 콩나물 시루처럼 모여 있다. 출근길 도로도 마찬가지다. 새벽같이 일어나서 밤늦게까지 일하고 심지어 야근에 회식으로 개미처럼 수십 년을 일하는 회사원이 상당수다.

이런 삶의 끝에 부자의 삶이 기다리고 있는가? 그중 대부분이 부자인가? 반면에 같은 시간에 골프를 치러가는 사람은 누구인가? 늦은 아침 시간에 한가롭게 집을 나와 쇼핑과 산책을 즐기는 사람은 누구인가? 바로 부자들이다!

무엇이든 열심히 일하는 태도 자체는 중요하지만 열심히 일해야만 부자가 된다는 생각은 부자가 되어야 하는 사람에게는 위험한 것으로 보인다.

엠제이 드마코의 《부의 추월차선》에 나오는 '추마의 피라미드' 우화는 부자의 핵심인 '시스템'이 무엇인지를 마음속 깊이 새겨넣게 해준다. 이 우화는 고대 이집트 파라오의 동갑내기 조카들인 추마와 아주르가 피라미드를 짓는 이야기다.

아주르는 기존 방식대로 열심히 돌을 끌어다 건축물을 지었지만, 아주르가 죽어라고 돌을 나르는 시간에 추마는 돌을 나르는 기계를 발명했다고 한다. 결국 추마는 8년 만에 피라미드를 다 짓고 상을 받아 남은 여생을 호화롭게 보냈지만, 아주르는 평생 노동만 하다 피라미드를 완성하지도 못했다는 이야기다.

이 이야기의 아주르처럼 가난한 사람들은 직접 돌을 들어올리는 일에만 집중한다. 그러나 부자가 될 사람들은 추마처럼 사람 대신 돌을 들어 올릴 '시스템' 계발에 집중한다. 추마의 피라미드는 '나를 위해 일할' 대표적인 시스템이다.

열심히 일해서 번 돈은 시스템을 구축하는 데 투자되어야 한다. 벌어들이는 소득 중에 시스템이 벌어들이는 포지션이 높아질수록 부자에 가까워지는 것이다. 노동으로 번 돈을 시스템 구축에 사용하고, 머니 파이프라인을 늘려가는 과정은 일만 열심히 하는 아주르에서 똑똑하게 일하는 추마로 넘어가는 갈림길이다.

소득 주머니를 하나가 아니라 여러 개로 늘려가는 것에 힘쓰는 것이 똑똑하게 일하는 것이다. 부자가 될 사람은 똑똑하게 일하는 것을 지향한다. 종자돈을 모아 돈이 대신 돈을 벌게 하고, 사람을 고용해 다른 사람이 대신 돈을 벌게 하고, 소유권 사용에 대한 대가를 통해 대신 돈을 벌게 하고, 법인 사업체가 대신 돈을 벌게 한다. 가난한 사람에게 고된 노동은 평생 해야 할 숭고한 사명이 되고, 부자가 될 사람에게 고된 노동은 경제적 자유의 경지로 가기 위한 최소한의 과정이다. 결국 부자가 되어 마음껏 자고, 놀고, 먹고, 쉬어도 돈의 샘물은 마르지 않는다.

추마는 건축 기계를 개발하기 위해 3년을 노력했다. 부자도 시스템을 만들기 위해 고된 노동을 하는 최소한의 기간이 있다. 부자에게 고된 노동은 펌프의 물을 끌어올리기 위한 마중물이다. 그렇게 고된 노동은 종자돈으로 전환되고, 종자돈은 이자 시스템, 배당 시스템, 투자 시스템, 사업 시스템으로 파생되는 시발점이 된다. 시작은 돈을 위해 일하지만, 결국은 돈이 자신을 위해 일하게 된다.

고된 노동만 해서는
결코 행복해질 수 없다
자유와 행복을 주는 건
노동이 아니라 시스템이다

이 게임의 미션은 경제적 자유다. 경제적 자유는 원하는 것을 원하는 때에 원하는 만큼 할 수 있는 상태다. 일은 반드시 해야 하는 대상이 아니라 선택의 대상이 된다. 경제활동을 어쩔 수 없이 하는 것이 아니라 재미로 할 수 있는 상태. 이것이 경제적 자유다. 이 모든 것이 가능할 수 있는 근본은 일하지 않고도 대신 돈을 벌어주는 시스템의 존재 유무다.

당신은 지금 추마처럼 시스템 개발에 힘쓰고 있는가? 아니면 아주르처럼 '일만' 하고 있는가? 미국의 석유왕 존 데이비슨 록펠러는 이렇게 말했다.

"하루 종일 일하는 사람은 돈을 벌 시간이 없다. 진정으로 부유해지고 싶다면, 소유하고 있는 돈이 돈을 벌어다 줄 수 있도록 하라. 개인적으로 일해서 벌 수 있는 돈은 돈이 벌어다 주는 돈에 비하면 지극히 적다."

시스템 마인드가 부자 마인드다. 첫째도 시스템, 둘째도 시스템, 셋째도 시스템이다. 초기의 고된 노동도 시스템을 위한 과정이다. 결과는 시스템이다. 시스템이 경제적 자유를 끌어들이는 핵심 포인트가 된다.

시스템은 불로소득이다. 대신 돈을 벌어주는 모든 것이다. 가치 상승과 지속적인 현금흐름이 예상되는 부동산, 주식, 채권, 다양한 금융상품, 환율, 현물 등 투자의 대상을 찾고 원칙과 방법 대로 실천하는 투자 시스템이다. 가만히 앉아서 시간에만 투자하면 되는 이자와 배당을 받는 머니 시스템이다. 저작권 등 권리를 사용한 대가로 돈을 버는 소유 시스템이다. 법인을 통해 사람을 채용하고 노동력을 사용하여 대신 돈을 버는 법인 시스템이다. 결국 시스템은 대신 돈을 벌어주는 총합이다. 나를 위한 군단이다. 시간적, 경제적 자유를 선물해주는 소중한 군단이다.

고된 노동만 해서는 행복한 결말을 얻을 수가 없다. 30년을 일만 하는 사람은 아프다. 아니, 아플수 밖에 없다. 30년 넘게 고된 노동을 해오신 많은 분들의 건강 상태를 보면 금방 알 수 있다. 행복하려고 일하고, 건강하려고 일하는 건데, 건강 잃고 행복 잃는 결과를 만난다면 너무 슬픈 결말이다. 지금 하는 고된 노동은 돈이 돈을 벌게 만들기 위한 과정임을 명심하고 시스템에 집중하자.

⑧

당신의 생각은 틀렸다

: 내가 틀릴 수 있음을 인정하고 지속적인 성장을 추구하라

얼음이 녹으면 무엇이 되는가? 물인가?

틀렸다! 봄이 된다.

'1 + 1 = ?' 답은 무엇인가? 2인가?

틀렸다! 창문이다.

'1 + 1 = 2'만이 옳은 것인가? 삶에는 다양한 관점이 있고 같은 대상이라도 사람들마다 다른 프레임을 가지고 있다.

프레임은 관점의 형태다. 관점에 따라 답이 달라질 수 있다. 상황을 인지하는 프레임에 따라 답이 달라진다. 어렸을 때 진리라고 믿었던 것들이 어른이 되면서 바뀌었던 경험이 있을 것이다. 성장해 가면서 이상형이 바뀌어 본 경험이 있을 것이다. 삶의 경험과 기준이 달라지면서 이성을 보는 프레임기준이 달라진 경우다.

필자는 어른이 될 때까지 알고 있던 것이 180도 뒤집힌 적도 있고, 90도 틀어진 경험도 있다. 그러면서 성장해왔다. 그런데 사고가 굳어지고 기득권을 생각하는 나이가 되면서 부터 100% 내가 옳음을 고집해왔다. 나의 프레임이 답이라는 고정관념이 생기고, 하던 대로 하려는 안일한 습관이 생기면서 발전이 없었다. 어쩌면 그때부터 성장이 멈추어버렸는지 모른다.

서울대학교 심리학과 최인철 교수는 《나를 바꾸는 심리학의 지혜, 프레임》에서 이렇게 말한다.

"지혜는 한계를 인정하는 것이다. 자신이 아는 것과 알지 못하는 것, 할 수 있는 것과 할 수 없는 것 사이의 경계를 인식하는 데서부터 출발한다고 믿는다. 건물 어느 곳에 창을 내더라도 그 창만큼의 세상을 보게 되듯이, 우리도 프레임이라는 마음의 창을 통해서 보게 되는 세상만을 볼 뿐이다.

우리는 세상을 있는 그대로 객관적으로 보고 있다고 생각하지만, 사실은 프레임을 통해서 채색되고 왜곡된 세상을 경험하고 있는 것이다. 프레임으로 인한 이러한 마음의 한계에 직면할 때 경험하게 되는 절대 겸손, 이것은 역설적으로 그 한계 밖에 존재하는 새로운 곳으로의 적극적인 진군을 의미한다."

노란색, 핑크색, 파란색 선글라스가 있다. 번갈아가면서 썼다고 상상해보자. 세상은 동일한데 선글라스의 색깔에 따라서 세상은 다르게 보일 것이다. 그런데 태어나서 죽을 때까지 노란색 선글라스를 쓰고 살다가 죽은 사람에게 세상에 대한 인터뷰를 한다면 답변이 어떨까? 그에게 세상은 원래 노란 것이다. 그에겐 노란 세상이 옳은 것이다. 이게 맞는가?

'나는 다 안다, 내가 옳다' 라는 선글라스를 고수하는 태도는 성장을 가로막는다. 발전할 수도 없고 새로운 것을 배울 수가 없다. 꽉 닫혀 있기 때문이다. 자신의 프레임의 한계를 인정하는 것. 그리고 열린 마음으로 새로운 개념과 아이디어와 경험을 받아들이는 태도가 부자를 만든다.

당신이 지금 부자가 아니라면 기존에 알고 있던 것이 100% 틀렸다는 증거다

당신이 지금까지 알고 있던 것으로 부자가 되었는가? 당신이 알고 있는 게 맞았다면 지금 이 책을 읽을 필요도 없고, 이미 부자가 되었을 것이다. 지금 부자가 아니라면, 알고 있던 것이 100% 틀린 것이다. 지금 경제적 자유인 상태가 아니라면 당신은 잘못된 것을 알고 있는 것이다.

《신경끄기 기술》의 저자 마크 맨슨Mark Manson은 "확신내가 옳다는 맹신은 성장의 적이다. 실제로 일어난 사건조차도 논쟁의 여지는 있다. 그러므로 우리가 선택하는 가치관이 필연적으로 불완전하다는 점을 받아들여야만 성장할 수가 있다. 자신의 느낌과 믿음을 의심해야 한다. 항상 내가 옳기만을 바랄 게 아니라, 내가 어떻게 틀렸는지를 따져봐야 한다. 우리는 항상 틀리기 때문이다. 틀리면 변화할 수 있다. 틀리면 성장할 수 있다. 여기 묘한 진리가 있다"라고 하면서 "당신이 100% 옳다는 확신을 내려놓고, 언제든 실수하고 틀릴 수 있는 가능성을 받아들일 것"을 강조하였다.

마음이 아프지만 인정하자. 당신이 알고 있는 것은 100% 틀렸다. 이것을 온전하게 받아들이는 날이 부자로 가는 터닝포인트가 될 것이다. 새로운 것을 배우는 마인드가 자리 잡기 때문이다. 배우고 성장할 수 있는 프레임이 생겼기 때문이다.

심리학자 매슬로의 욕구 이론에서는 인간의 동기를 5단계로 설명하면서, 하위 욕구로 생리적 욕구, 안전의 욕구, 애정과 소속의 욕구, 존중의 욕구를 들었고 최상위 욕구로 자아실현 욕구를 제시하였다. 앞선 4개의 욕구는 충족되지 않았을 경우에 생긴 긴장을 해소하려는 방향으로 작용하고, 자아실현 욕구는 성장을 향한 긍정적 동기에서 발현된다.

자아실현은 끊임없이 배우고 성장하는 것이다. 자아실현을 위해서는 '나는 다 안다'가 아닌 '내가 틀렸다'의 태도를 겸비해야 한다. 겸손한 마음가짐으로 새로운 것을 배우는 것을 추구하는 메타 가치Meta-Value를 갖추어야 한다. 그러면 1단계를 넘었다.

2단계는 메타 동기부여Meta-Motivation를 가져야 한다. 내가 선택한 분야에서 일류전문가가 되겠다, 끊임없이 배우겠다, 최고봉에 도달하고야 말겠다, 최고 레벨의 역량을 갖추겠다 등이Meta-Motivation 다.

끊임없이 성장하는 것은 부자 마인드의 강한 원동력이다. 부자들도 모두 초보인 시절이 있었지만 레벨 1에서부터 레벨 100까지 단계를 밟아온 사람들이다. 레벨이 10이면 그만큼 부자가 될 것이고, 50이면 딱 그만큼 부자가 될 것이다. 레벨 10이었던 사람이 우연한 계기를 통해 갑자기 레벨 30 부자가 된 사람들이 다시 나락으로 떨어지는 것은 모르는 것이 있기 때문이다. 레벨 30에 해당하는 지식과 경험과 노하우만큼 성장하지 않았기 때문이다.

더 나아지지 않으면 더 나빠진다

배우고 성장하지 않으면
서서히 죽어간다

지금 부자가 앞으로도 부자가 되려면 끝없는 자아 성취가 필요하다. 대학을 졸업하고 새로운 배움 없이 알고 있는 것만으로 살아간다면 미래는 없다. '아재'로 늙어가고, 낮은 레벨로 죽어간다. 학교 졸업 이후에 더욱더 왕성하게 배우면 리더가 되고 높은 레벨의 멘토로 성장한다. 경제적 부도 기하급수적으로 체증한다.

이미 경제적 자유를 이룬 사람들이 부를 지키고 더 키워나가는 것의 핵심은 메타 동기부여다. 내면에 숨어 있는 멈추지 않는 배움 마인드, 성장 마인드, 자아 성취 욕구가 키워드이다. 외부에 나타난 모든 것은 내면에서 표출된 결과다. 경제적인 목표만 있으면 작은 부자가 될 것이고, 경제적인 목표와 함께 전문가를 향한 자아 성취 마인드를 가진 사람은 큰 부자가 된다. 즉 '갖기 위한must have' 목표와 '되기 위한to be' 목표를 함께 가져야 한다.

내가 선택한 분야의 전문가가 되는 것은 부자가 되는 지름길이다. 어느 분야이든 상위 10%에 돈이 있다. 지금 하고 있는 일에 전문가가 되고 능통하다는 것은 최고의 보상을 받을 준비가 된 것이다.

당신이 하고 있는 업무, 사업에 대한 유능함이 돈을 부른다. 프로 엔지니어의 세계가 이 원칙을 증명한다. 프로 스포츠 세계, 연예계, 법조계, 의학계를 보면 단번에 이해가 된다. 내 분야에 대해서 잘 모르면 빈자, 애매하게 알면 중산층, 손바닥에 꿰고 있으면 부자가 된다. 당신이 소속된 분야에서 최고가 되는 것, 지속적으로 배우며 내공을 키우는 것. 이것이 부자들이 가진 차별화된 마인드다.

독일의 철학자 임마누엘 칸트Immanuel Kant는 "배움에서 가장 어려운 것은 배워야 한다는 것을 배우는 것이다"라고 말했다. 부자가 되기 위해서는 배워야 한다는 것. 이것을 배우는 게 부자 마인드 공부에서 중요한 역할을 한다.

배움의 자세가 되어 있을 때 새로운 길을 찾게 되고 새로운 스승이 나타난다. 부자들이 배우는 내용을 배운다. 부자들이 걷는 길을 걷는다. 최고의 부자 옆에서 배운다. 그러면 나도 부자가 된다. 단순하지만 중요한 포인트다.

누구에게 배울 것인지도 잘 선택해야 한다. 전문가인 척하는 사람이 아닌 실제로 전문가인 사람에게 배운다. 부자인 척하는 사람이 아닌 실제로 부자에게서 배운다. 그래야 나도 부자가 된다. 축구를 잘하고, 수영을 잘하는 방법과 길이 있는 것처럼 부자가 되는 길에도 검증된 방법이 있다. 이미 부자인 사람이 행한 마인드와 방법론이 있다. 그들이 알고 있는 전략과 전술을 배우는 것이 가장 빨리 부자 되는 길이다.

배울 수 있는 태도와 마음가짐을 갖고Meta-Value,경제적 목표와 함께 자아성취의 목표Meta-Motivation 마인드를 가지면 비로소 이상적인 부자 마인드를 갖춘 사람Meta-Person이 된다.

수백억, 수천억을 가져 경제적 자유를 누리고 있는 사람들 중에 여전히 열심히 일하는 사람이 있다. 이미 세계적인 첼리스트가 되었는데도 열심히 연습하는 사람이 있다. 왜 그렇게 열심히 하는 것일까? 그들은 끊임없는 배움과 성장을 추구하는 메타 퍼슨Meta-Person이기 때문이다.

부자의 신념 만들기 연습 3단계

1. 메타 가치 Meta-Value

: 부자가 되기 위해 배워야 할 것들을 작성해보자

(예 : 책, 온라인 강좌, 오프라인 강좌, 만나보아야 할 사람, 연습해야 할 것 등)

구분	must learn _____	실천여부
1		(O, X)
2		(O, X)
3		(O, X)
4		(O, X)
5		(O, X)

2. 메타 동기 부여 Meta-Motivation

: 나의 분야에서 성취 및 되어야 할 것들을 작성해보자

(예 : 커리어, 수상 경력, 논문, 객관적 성과물, 업무 수준, 지식 수준, 학위, 자격증 등)

구분	want to be _____	실천 여부
1		(O, X)
2		(O, X)
3		(O, X)
4		(O, X)
5		(O, X)

3. 교육적금(통장) 계획서

구분	이름 : _____의 교육적금	비고
금액	월 _____만(소득의 10%) X 12개월 = _____	금액자율
적금 시작	_____년 _____월 _____일	
적금 종료	_____년 _____월 _____일	
사용 결과	반드시 실천한 결과 (어느 곳에 얼만큼)로 정직하게 쓸 것	책, 상담, 온라인/오프라인교육 참석 등
실천 여부	(O , X) 서명_____(인)	

(원칙 : 이 돈은 교육 목적 이외에 어떤 곳에도 사용할 수 없습니다. 쓰고 남은 금액은 이월하여 다음 연도 교육통장에 합산합니다.)

⑨

일단 행동하라

: 빠르게 '일단 시작' + '궤도 수정' 마인드를 갖춰라

'갑돌이와 갑순이는 한 마을에 살았드래요, 둘이는 서로 서로 사랑을 했드래요'로 시작하는 전래 민요를 기억하는가? 갑돌이와 갑순이는 수십 통의 편지를 주고받았다. 그런데 갑순이가 누구와 결혼을 했는지 아는가? 갑순이는 우편배달부 청년이랑 결혼했다. 매일 편지를 전해주던 우체부 청년과 눈이 맞은 것이다. 가슴 아픈 이야기이지만 결국 행동하는 사람이 사랑을 잡는다는 것이다.

무엇이든 실천을 많이 하는 사람이 더 많은 기회를 만나고, 더 많이 성취할 수 있다. 부자도 실천이 빠른 사람이다. '100번 듣는 것이 1번 보는 것보다 못 하다'는 뜻의 백문불여일견百聞不如一見을 넘어 '100권의 독서보다 1번의 실행'이 중요한 백독불여일행百讀不如一行을 기억하자. 부자가 되는 것은 결국 행동의 열매이기 때문이다.

신중하고 계획적인 것은 좋지만 마음만 있고, 행동하지 않으면 아무것도 이루어지지 않는다. 생각만 하고 행동하지 않으면 다른 사람이 기회를 가져간다. 많이 만나야 사랑을 쟁취하듯이 부자들은 더 많이 행동하고, 더 많이 만나고, 더 많이 시도하고, 더 많이 실패한 사람들이다.

세계 최고의 자리에 오른 인물들의 지혜와 통찰을 전파해온 팀 페리스Timothy Ferris는 '마리 폴레오Marie Forleo와의 인터뷰'에서 "점을 찍어야 선이 생겨나고 면이 완성된다. 뛰어들어라. 계획을 세우느라 귀중한 시간을 흘려보내지 마라. 점은 나중에 연결하라. 마리는 젊은 CEO를 만날 때마다 '원하는 삶을 살려면 먼저 무엇이든 전부 시도하라'고 권유한다. 도전해본 일이 도전하지 못한 일보다 반드시 더 많아야 성공한다는 것이 그녀의 확고한 지론이다. 아직 찾지는 못했지만 원하는 일이 어딘가에서 당신을 기다리고 있을 것이라고 생각하는가? 맞다, 그럴 수도 있다. 하지만 당신은 아마도 그 생각을 갖고 있는 한 영영 못 찾을 것이다"라는 내용을 전한다.

점은 행동이다. 행동이 없으면 점도 안 찍은 것이다.

새로운 직장을 구하기 위해 어떤 점을 찍었는가?

새로운 사업을 위한 점을 찍고 있는가?

멋진 몸매를 가꾸기 위해 어떤 점을 찍어야 하는가?

혹시 생각만 하고 있는가? 그러는 사이 1개월은 훌쩍 지나버린 경험이 있는가?

유감스럽게도 행동이 빠진 생각은 우리의 삶에 아무 변화도 가져다주지 않는다.

'생각 중이야', '계획 중이야'는 우리 인생에 승리의 깃발을 주지 못한다. 꽃을 향한 벌의 적극적인 행동이 열매를 낳듯이, 부자의 열매도 당신의 행동이 모여 탄생하는 것이다.

시작하지 않고 이루어지는 것은 없다
시작하지 않고 나오는 결과는 없다

중간고사를 앞둔 A 대학생은 충분한 식사를 하고, 커피를 마시며 친구들과 적당한 대화를 하고, 10여 분 정도 여유 있게 산책을 하고 나서야 도서관에 들어간다. 도서관에 가서도 오래 간만에 본 친구와 10여 분 정도 최근 가십 거리를 나눈다. 책상에 앉아서 핸드폰으로 SNS를 10여 분 정도 보고 나면 이제야 책을 편다. 책을 펴고도 앞으로 시험 공부를 하기 위한 학습계획을 30여 분 동안 세운다. 그리고 30분을 공부하고 집에 간다.

B 대학생은 그냥 책상에 앉아 1시간 정도 공부한다. 공부를 하다

보니 다른 방식으로 하면 좋을 것 같아서 다른 방법으로 30분을 더 공부한다.

한 달 뒤 중간고사 성적은 누가 더 높을 것인가?

'게으른 완벽주의자' 들은 시작이 늦다. 수영을 잘하기 위해서 책을 찾아보고, 인터넷을 보고, 주변 사람들에게 어떤 수영장이 좋은지 물어보고, 수영하기에 적당한 계절을 찾느라 수영을 시작하는 데만 1년이 걸린다. 그냥 시작한 사람은 벌써 자유형, 배영, 평영, 접영을 다 할 줄 알게 되는 시간이다.

부자, 성공, 스포츠, 공부, 투자의 세계는 모두 일단 사거나, 일단 시작하는 사람이 이긴다. '긍정적으로 생각하고 일단 지르세요' 를 말하는 것이 아니다. 빠른 시작, 빠른 행동에 대한 마인드를 말하는 것이다.

독일 철학자 니체Friedrich Wilhelm Nietzsche는 "모든 것의 시작은 위험하다. 그러나 무엇을 막론하고, 시작하지 않으면 아무것도 시작되지 않는다"라고 하며 시작하는 것과 실행하며 계획을 다듬는 것의 중요성을 강조한다.

준비 '만' 할 것인가?
지금 당장 행동 '을' 할 것인가?

크게 성공하고 대단해보이는 사람도 시작이 있었고, 10미터 높이의 웅장한 나무도 씨앗과 새싹으로 시작했다.

수만 킬로미터 비행을 앞둔 비행기가 목적지를 향한 방향과 비행 코스를 정확하게 계획한다고 해서 빨리 도착하지 않는다. 일단 이륙하고 수백 번의 궤도 수정을 해가며 비행하는 것이 훨씬 빠르게 도착한다. 수천 킬로미터 항해를 앞둔 배가 준비를 100% 철저하게 한다고 해서 빨리 도착하는 것이 아니다. 일단 출발하고 돛과 운전대를 수천 번 수정해가며 항해하는 배가 빠르게 도착한다.

부자는 '일단 시작' 과 '궤도 수정' 마인드를 갖춘 사람들이다. 미리 다 알아야 행동하는 사람. 100% 준비되지 않고는 행동하지 않는 사람은 원하는 것을 얻기 어려운 마인드를 가진 것이다. 반면에 부자는 주어진 시간과 주어진 환경, 자원 내에서 최고가 아닌 최선의 준비를 한다. 준비 시간을 최소로 하는 것이 포인트다. 행동을 취하고 나서 수정해가면서 하면 된다. 바로 이곳에서 지금, 즉시 게임을 시작한다. 그것이 사업이든, 투자든, 관계든.

요점은 남들이 현명한 시작을 위해 준비 '만' 하고 있을 때 부자는 어리석은 시작이지만 행동 '을' 하고 있는 것이다. 그들의 좌우명은 '어리석은 시작이 행동 없는 완벽한 준비보다 낫다' 이다.

산탄총을 이용하여 움직이는 표적을 쏘아 맞추는 스포츠인 클레이 사격을 생각해보자. 총알을 동일하게 10발 갖고 있어도 신중하게 조준 준비만 하느라 시간을 다 보내면 표적을 놓친다. 우선 어리숙하지만 빠르게 1~2발을 쏘고, 신속한 재조준과 나머지 8발로 타깃을 맞춘다. 이것이 부자 게임에서 승리하는 핵심적인 차이다.

부자도 다 알지 못한다. 다 알지도 못하는데 어떻게 더 좋은 결과를 낼까? 100% 준비로 덤비는 것일까? 아니다. 현재 기준으로 우선 행동하고, 새로운 정보와 환경이 오면 그때 기준으로 수정한 행동을 하면서 앞으로 나아간다. 핵심은 '행동' 이다.

완벽한 준비는 없다! 어설픈 시작 리스트

1. 큰 목적 정하기

(예 : 사업성공, 행복, 몸매 가꾸기, 자기계발, 역량, 더 나은 삶, 더 큰 성공, 건강 등)

2. 어설픈 시작 액션 리스트 만들기

구분	(부자)가 되기 위해 준비하면 좋은 일	체크
1	○○ 특강/세미나 신청	(O , X)
2	필독서 리스트 완독	(O , X)
3	○○ 회사에 전화	(O , X)
4	○○ 교육과정 수료	(O , X)
5	책 집필 시작	(O , X)
6	○○ 적금 월 00 만원 시작	(O , X)

구분	( ) 위해 준비하면 좋은 일	체크
1		(O , X)
2		(O , X)
3		(O , X)
4		(O , X)
5		(O , X)
6		(O , X)

3. 체크하기 및 지우기

: 핵심은 '행동 유무'와 '일단 시작'이다. 급한 일들에 밀려 정말 중요한 일을 놓치지 않기 위해서 체크리스트를 직접 작성하고, 실천한 것은 지워버리고, 작은 성취감을 느끼기 바란다. 성취감이 누적되면 결국 원하는 것을 얻고, 원하는 사람이 되어 있을 것이다.

3장

부자들은
어떻게
환경을 만드는가?

- 탁월한 실천 도구 만들기

어린아이가
엉덩방아를 찧지 않고
처음부터
걷기에 성공할 수는 없다.

눈밭 위에서
넘어져보지 않고
스키와 스노우보드를
잘 탈 수는 없다.
부자의 길도 마찬가지다.
원하는 것을 향해 행동을 하고,
잘못되었을 때는
피드백을 하며 나아가는 것,
그것이 전부다.

"금전적으로 풍족해지는 것이 충만함의 핵심이 아님을 상기할 필요가 있다.
돈만으로는 탁월한 삶을 얻을 수 없다."

- 토니 로빈스

①

딱 행동한 만큼, 딱 그만큼
: 행동을 돕는 탁월한 도구들을 활용하라

큰 성취와 큰 부를 이룬 사람들의 성공 비결은 뭘까? 우리와 다른 DNA를 가지고 엄청난 초능력으로 슈퍼 히어로가 되었을까? 아니다. 그들도 우리와 동일한 공식을 적용받는다.

부자들은 원대한 목표를 세우고, 그것을 하루 단위로 쪼개서 하나씩 실천하는 습관을 가진 사람들이다.

부자가 되는 공식은 간단하다. [원하는 것 - 행동 - 결과] 이게 전부다. [결과의 양 = 행동의 양] 이다.

원하는 것이 분명하고 그것을 위해 100을 실천했다면 100의 결과가 나온다. 원하는 것은 분명한데 결과성공 또는 실패가 없다면 행동이 "0" 인 것이다. 행동 리스트를 100가지 작성해도 행동한 항목이 1

가지라면 1가지 결과만 얻는다. 행동한 항목이 10가지라면 10가지 결과만 남는다. 남녀노소 동일하게 적용된다.

원하는 것을 '아는' 는 것은 반쪽짜리다. 해야 할 일을 '하는' 것이 완성이다. 이것을 간과한 채로, 다른 곳에서 답을 찾지 말자.

[원하는 것]: 5년/10년/20년 안에 통장 잔고 1억/10억/100억 만들고 싶다.
[행동]: 원하는 것을 얻기 위해 해야 할 100가지 행동 리스트
　　(1) 1가지 실천
　　(2) 10가지 실천
　　(3) 100가지 실천
[결과]: 결과는 성공과 실패가 있고, 피드백을 통해 업그레이드된다.
　　(1) 1가지 결과
　　(2) 10가지 결과
　　(3) 100가지 결과

결국 부자들은 평범한 사람들보다 많이 '행동' 한 사람들이다. 행동의 도구를 가지고 있는 사람들이다.

행동에 집중하면
누구나 성공할 수 있다
행동으로 옮기면
누구나 부자가 될 수 있다

부자들이 우리가 모르는 아주 특별한 방법으로 성공했을까? 아니다. 자신이 좋아하는 일을 찾아 그 일 위에서 [원하는 것 - 행동 - 결과]를 만들어낸 것이 전부다. 행동하는 루틴을 만들어내고, 하루의 행동은 반드시 마무리하면서 결과를 매일 누적한 것이다.

이와 관련해 《타이탄의 도구들: 1만 시간의 법칙을 깬 거인들의 61가지 전략》의 저자 팀 페리스는 "누군가 강력한 효과를 본 것을 자신에게 적용해 루틴을 만들고 성과로 이어질 수 있게 하는 꾸준한 노력" 이 성공의 비결이라고 하면서, "올바른 경험으로 얻어진 믿음과 습관들을 쌓아가다 보면 반드시 성취할 수 있다"고 강조했다.

팀 페리스가 말한 것처럼 성공한 사람들이라고 해서 모든 면에서 완벽한 사람들은 절대 아니다. 결점투성이들도 성공하고 부자가 된다. '행동' 에 집중하면 누구나 성공할 수 있고, 누구나 부자가 될 수 있다.

그러기 위해서는 행동을 강력하게 이끄는 도구들을 나에게 적용하고, 하나씩 실천하면 된다. [행동한 양 = 결과의 양]을 생각하며 행동에 집중해야 한다.

실패가 두려운가? 실패를 안 해 보는 게 진짜 실패다. 실패도 성공의 일부다. 실패를 해보아야 현재의 행동이 올바른지 가늠할 수 있는 것이다. 어린아이가 엉덩방아를 찧지 않고 처음부터 걷기에 성공할 수는 없다. 눈밭 위에서 넘어져보지 않고 스키와 스노우보드를 잘 탈 수 없다. 마찬가지다. 원하는 것을 향해 행동을 하고, 잘못되었을 때는 피드백을 하며 나아가는 것이 전부다. 시행착오를 두려워해서는 아무것도 얻을 수 없다.

노력과 의지만으로는
부족하다
행동에 옮긴 만큼만 성공한다

해봤는데 중간에 포기했는가? 어디서부터 시작해야 하는지 막막한가? 작심삼일을 몇 번 했는지 모르겠고, 이제는 성공이고 뭐고 두 손 두 발 다 들었는가?

그동안의 노력에 경의를 표한다. 그러나 노력만으로는 부족하다. 노력을 행동으로 연결시킬 탁월한 도구를 활용해야 한다. 그동안의 노력이 아까운 마음이 든다면 마지막 시도를 해보자. 행동하는 데 도움을 줄 탁월한 도구를 활용해보자.

이번 장에서 소개할 6가지 도구들은 행동을 강력하게 이끌고 수많은 부자학과 성공학에서 검증된 방법을 두루 망라한 도구다. 오감을 총동원하여 우리가 원하는 것을 얻도록 도와주는 도구다. 이 도구들은 원하는 것을 생각하고, 쓰고, 말하고, 상상하도록 도와준다. 쉽고 빠른 방법으로 완성시켜준다. 그러면 잠재의식에 강하게 각인된 목표와 행동 지침을 무의식적으로 실천하게 된다. 강한 인내심이 필요할 때는 인내심을 업그레이드하고, 미래의 모습을 현재로 소환해서 미리 성취감을 느낄 수 있다. 남들과 차별된 행동으로 성취와 부를 더욱 증폭시킨다.

욕심 부리지 말고, 한 가지씩만 실천하자. 한 달에 한 가지씩만 내 것으로 만들어도 큰 가치가 있다. 첫술에 배부를 수 없다. 하나의 습관을 만드는 데는 3주가 걸린다고 한다. 천 리 길도 한 걸음부터이니, 한 가지씩만 실천해보자.

②

1단계 손끝 행동

: 간절한 목표를 100일간 매일 손으로 써라

좁은 취업문을 뚫고 입사하기 위해 필요한 것.

치열한 경쟁을 뚫고 승진을 하기 위해 필요한 것.

무일푼에서 수십억, 수백억의 자산을 축적하기 위해 필요한 것.

이 질문들의 공통적인 해답은 무엇일까?

바로 '간절함'이다. 더 간절한 사람이 더 성공할 확률이 높다. 간절함의 농도가 짙을수록 많은 행동을 하게 되고, 결국 원하는 것을 얻을 확률이 높아지기 때문이다. 100번을 시도하는 것보다 1,000번을 시도하는 것이 위대한 성취로 이어질 확률이 훨씬 높다.

그럼 어떻게 간절함의 농도를 높일 것인가? 비밀은 '기록'에 있다. 그냥 기록이 아니라 '매일 기록' 이 답이다.

수많은 부자들과 위대한 성취가들이 목표를 기록하는 것, 그것도 반복적으로 기록하는 것의 중요성을 강조한다. 자신의 목표를 막연하게 생각으로만 갖고 있는 것보다는 말로 뱉고, 손으로 쓰는 것이 간절함의 농도를 높여준다. 손으로 많이 쓸수록 더욱더 간절해진다. 사람은 들은 것보다 본 것을 더 잘 기억한다. 본 것보다 직접 체험해본 것을 잘 기억한다.

촉각에서 전해지는 기억은 오래 남는다. 손끝에 전해지는 자극은 신경세포를 거쳐 뇌세포에 기록이 된다. 목표를 천 번 만 번 쓰는 것을 통해 간절함을 높이자. 쓰면 쓸수록 점점 더 간절해진다.

《3개의 소원 100일의 기적: 잠들기 전, 쓰기만 하면 이루어진다》의 저자 이시다 히사쓰구는 소원을 날마다 종이에 쓰는 것의 중요성을 강조하였다. 목표를 쓰는 것은 누구나 할 수 있다. 그러나 '매일' 쓰는 것은 아무나 할 수 없다. 그래서 목표를 매일 기록하는 것이 강력한 힘을 발휘하는 것이다.

반대로 생각해보면 어지간한 목표가 아니라면 매일 쓴다는 것은 쉬운 일이 아니다. 쓰는 건 쉽지만 매일 쓰는 것은 어렵다. 대부분의 사람들은 며칠 지나지 않아 그만두고 만다. 따라서 매일 목표를 기록한다는 것은 결과의 차이를 분명하게 만드는 핵심적인 도구다.

한 번 실천해보라. 목표를 하루에 10번씩 100일간 빼먹지 않고 쓸 수 있을 것 같은가? 더 나아가 하루에 100번씩 100일간 쓸 수 있을 것인가? 10명 중에 9명은 실패할 것이다.

간절할수록
많은 행동을 하게 되고
원하는 것을 얻을 확률이 높아진다

같은 목표를 반복적으로 쓰는 것이 왜 중요할까? 왜 매일 쓰는 것이 중요할까? 그것은 우리의 뇌 속에 각인시키는 것에 반복만큼 좋은 것이 없기 때문이다. 잠재의식에 자연스럽게 목표를 심는 효과적인 방법이기 때문이다.

그렇다면 왜 잠재의식에 우리의 목표를 심어야 할까? 그것은 잠재의식의 힘을 활용하기 위해서다. 북적이는 야구장에서 누군가 자신의 이름을 부르면 우리는 그것을 귀신같이 들을 수 있다. 스쳐지나가는 뉴스 중에서 우리는 관심이 있는 내용은 무의식적으로 집중력 있게 듣게 된다.

길을 가다가 지난 주말에 내가 산 옷과 똑같은 옷을 입는 사람을 여러 명 발견한다. 목표와 관련된 일을 하고 관련된 사람을 만나면 기분이 좋고, 집중력이 높아진다. 잠을 자거나 샤워를 하다가 번뜩 떠오르는 아이디어가 있다. 이 모든 것이 잠재의식의 힘이 작동하는 것이다.

결국 잠재의식에 우리의 간절한 목표를 심으면 성공을 위해 큰 도움을 받을 수 있다. 그리고 반복적인 기록이 탁월한 수단이 된다.

그렇다면 '매일 기록' 하는 것은 왜 그렇게 어려울까? 자신의 목표를 쓰는 것인데 왜 사람들은 매일 쓰지 못하는 걸까?

그것은 간절함이 부족하고, 써도 안 될 것이라는 불신이 있고, 달성이 되고 나서 달라지는 것들에 대한 두려움이 있기 때문이다. '그거 쓴다고 부자가 되고 목표가 이루어지면 세상 사람들 다 부자가 되었겠네?' 라는 불신 때문이다. 목표를 매일 기록한다는 것은 불신과 두려움 같은 장애물과 싸우는 일이다.

잘못된 신념을 교체하고 새로운 신념을 정착시키는 데는 시간이 필요하다. 그래서 매일 기록해야 한다. 새로운 습관, 새로운 신념이 자리 잡기까지 시간을 들여야 한다. 이때 반복적인 기록은 강력한 힘을 발휘한다. 특히 내부의 적간절함 부족, 두려움, 불신이 있을수록 반복해서 기록해야 한다.

어떤 사람들은 간절한 염원이 있을 때 백일 기도를 하기도 한다.

어떤 사람들은 염원을 담아 3,000번 절을 하기도 한다. 이처럼 우리는 어떤 일을 강력하게 원할 때 100번 이상의 반복적인 행동을 한다. 경험적이든 본능적이든 '간절함=반복'의 행동을 해오고 있다.

간절한 목표를 반복적으로 기록하는 것은 사회적으로 성공하고 금전적으로 부를 이룬 많은 사람들이 사용하는 방법이다.

《생각의 비밀》의 저자 김승호 회장은 "원하는 것을 소리 내어 하루에 100번씩 100일 동안 내뱉는 것"이 성공의 물리적 공식이라고 말했다.

김승호 회장의 강력한 미션은 간절한 목표를 100번씩 100일 동안 총 1만 번을 쓰는 것이다. 1만 번을 쓰는 것은 듣기만 해도 어렵다. 1만 번 쓴 목표는 지극히 간절한 목표이면서 잠재의식 깊숙하게 침투되어 있는 목표다.

간절한 목표를 하루에 10번씩 100일간 하루도 빠짐없이 쓸 수 있겠는가? 더 나아가 100번씩 100일간 쓸 수 있겠는가?

만약 성공한다면 당신이 원하는 목표를 이룰 가능성도 2배 이상 올라갈 것이다.

③

2단계 입술 행동

: 말이 씨가 되게 하라

사람은 망각의 동물이다. 시간이 지나면 잊어버린다. 그런데 어린 시절에 부르던 동요는 어른이 되어서도 기억을 한다.

어떻게 20년 전 노래를 기억할 수 있을까?

그것은 '반복' 과 '입술' 의 힘 덕분이다.

입술로 반복해서 부르는 노래는 뇌에 각인이 된다. 입으로 반복해서 외치는 말은 잠재의식에 각인된다. 말의 힘은 강력하다. 특히 반복해서 하는 말의 힘은 초강력이다.

부자들은 반복하는 말의 힘을 적극 활용한다. 위대한 성취가들 역시 반복하는 말의 힘을 이용한다. 자신의 목표를 입으로 내뱉으면 목표에 에너지가 부여된다. 진취적이고 긍정적인 말의 파동은 긍정적인 주파수를 일으키고 끌어당겨 사람, 상황, 경험을 창조한다. 그것이 현인들이 알고 있는 말의 힘이다.

우리의 삶에 도움이 되는 강력한 도구 중 하나는 바로 말의 힘을 활용한 도구들이다. 선언, 다짐, 확언 등이 그것이다.

반복적으로 말하는 것은 강력한 도구다. 목표달성의 에너지를 얻는 도구가 된다.

망치를 생각해보자. 못을 박기 위해 묵직한 돌덩어리나 쇳덩어리를 사용할 수도 있지만, 가장 효과적인 것은 망치다.

목표를 우리 가슴속에 박기 위해 종이에 쓰는 방법도 있지만, 만만치 않게 효과적인 것이 반복하는 말의 힘이다. 목표를 가슴속으로 조용히 간직하고 있는 것은 그냥 못의 형태로 존재하는 것이다. 그러나 확언, 선언, 다짐 등을 반복적으로 말하는 것은 망치로 못을 고정시키고 그 못이 유용하게 사용되는 것처럼 우리의 목표를 우리의 가슴속에 강력하게 심고 성취하는 방법이다.

목표를 이루기 위해서는 행동이 필요하고 많은 에너지가 필요하다. 인간은 안정을 좋아하고 힘든 것을 피하려는 본능이 있기 때문에 목표 달성이 어려운 것이다. 또한 현재 상태를 유지하려하고 변화에 저항하는 잠재의식이 버티고 있다. 이를 타파하기 위한 도구가 필요하다. 무거운 엉덩이를 들어올리고 무언가 실천하기 위해서는 탁월한 도구가 필요하다. 그런 도구 중 반복하는 말의 힘을 우리 삶에 유익한 방향으로 활용해보자.

《부의 법칙》의 저자 캐서린 폰더는 다음과 같이 말한다.

"다짐이란 일종의 명령이다. 매일 소리 내어 다짐하는 습관이야말로 명령의 원리를 실현시키는 가장 간단한 방법임을 이미 많은 성공자들이 증명하고 있다."

'아는 것'이 힘이 아니라 '하는 것'이 힘이다

내 입에서 '사랑해'라는 말이 나오려면 어떻게 해야 하는가? 먼저 가슴속에 사랑이 있어야 한다. 그리고 머릿속으로 '사랑한다는 말을 해야지'라고 생각해야 한다. 다음으로 '사랑해'라고 말한다. 내가 뱉은 사랑한다는 음성이 나의 청각을 통해 소리로 듣는다. 소리로 들은 '사랑한다'는 말의 울림은 다시 내 귀의 청각 세포를 통해 뇌 속으로 전달한다. 뇌는 내가 말한 사랑한다는 말을 한 번 더 인지한다. 내 가슴도 사랑한다는 말의 울림과 주파수와 감정을 한 번 더 느낀다.

즉 가슴속에 있는 말을 입으로 말한다는 것은 [가슴→머리→입→귀→뇌→가슴]으로 6단계를 순환하는 프로세스로 되어 있다. 그래서 말의 힘이 강력한 것이다.

긍정적인 말을 100번 말하면 내 몸에 600번의 좋은 느낌을 주는 효과가 있다. 부정적인 말을 100번 말하면 내 몸에 부정적인 기운을 600번을 뿌리는 효과가 있다. '너무 싫어' 라는 말을 한번 해보라. 그 순간 내 몸에 부정적이 기류가 600번 전달될 것이다.

자신에게 스스로 하는 긍정적인 말과 목표는 우리의 건강에 좋다. 아무리 많이 해도 지나치지 않다. 말의 힘을 활용해 적극적으로 확언, 선언, 다짐을 외치고 반복하는 것은 우리의 삶에 백해무익하다. 자신에게 목표를 천 번 만 번 말하고, 자신에게 긍정적인 말을 무한 반복하는 것은 탁월한 효과가 있다.

말이 씨가 되고, 말하는 대로 된다는 말은 맞다. 말을 통해 세상을 만들 수도 있는 이유다. 원하는 것을 얻고 원하는 미래를 창조하는데 말의 힘만큼 손쉽고 강력한 것이 없다. 하루에 3번씩 100일간 큰 소리로 외쳐도 좋다. 한 가지 간절한 열망을 하루에 3분씩 100일간 반복해서 읊어도 좋다. 큰소리가 부담스럽다면 혼잣말로 속삭이듯이 반복해도 좋다. 중요한 건 실천이다.

왜 큰소리로 목표를 외치는 것을 못 할까? 아니 안 할까? 창피해서일 수도 있고, 품격이 떨어지는 행동이라고 느껴서일 수도 있다. 초등학생이나 사용하는 방법이라고 치부할 수도 있다. 그래서 어른이 되어서 목표를 달성했는가? 결과적으로 현실과 타협하면서 비관적으로 살고 있지는 않은가?

루이스 L. 헤이는 그의 저서 《나는 할 수 있어》에서 "자기 확언은 우리의 삶에 열쇠를 가져다 준다. 그것은 변화를 위한 시발점이다. 당신이 생각하고 말하는 모든 것이 자기 확언이다."라는 점을 강조하였다.

'아는 것'이 힘이 아니라 '하는 것'이 힘이다. 성공한 사람들과 그렇지 않은 사람들의 차이는 결국 실천에서 온다. '나는 반드시 하겠다'는 선언을 해도 좋다. 아니면 이미 이루어진 것처럼 말하는 확언도 좋다. 꼭 하고야 말했다는 다짐을 해도 좋다. 중요한 것은 행위다. 형식보다는 하는 것이 중요하다. 형식에 구애받지 말고, 가장 편한 방법을 선택하고 실천하는 것이 핵심이다.

성공 목표 하루 3번씩 말하기 연습

당신이 되고 싶은 상태에 대해서 10가지 정도 정리하자. 그리고 나서 이것을 하루에 3번씩 반복해서 말해보자. 원하는 사람, 물질, 기회, 환경 등이 하나씩 나타날 것이다.

확언 : 긍정적 자기 암시, 이미 '되었다' 라고 말하기 + 되었을 때 감정 느끼기

선언 : 공식적이고 적극적인 의지 표명(I will), ~하겠다, 특정 행동을 말하기

1. 나의 확언 리스트 10가지

리스트	내용	비고
1	예) 나는 100만 독자 베스트셀러 작가라서 기쁘다.	
2	예) 나는 10억 자산가가 되어 풍요롭게 살고 있다.	
3	예) 나는 내적으로 평화로워서 행복하다.	

〈 하루 3번씩 100일간 외치기 체크리스트 〉

1	2	3	4	5	6	7	8	9	10	11	12	13	14	15	16	17	18	19	20
21	22	23	24	25	26	27	28	29	30	31	32	33	34	35	36	37	38	39	40
41	42	43	44	45	46	47	48	49	50	51	52	53	54	55	56	57	58	59	60
61	62	63	64	65	66	67	68	69	70	71	72	73	74	75	76	77	78	79	80
81	82	83	84	85	86	87	88	89	90	91	92	93	94	95	96	97	98	99	100

2. 나의 선언 리스트 10가지

리스트	내용	비고
1	예) 나는 한달에 책 5권을 읽을 것이다.	
2	예) 나는 월 1,000만 원을 벌 것이다.	
3	예) 나는 매일 아침 7시에 10분간 명상을 할 것이다.	

〈 하루 3번씩 100일간 외치기 체크리스트 〉

1	2	3	4	5	6	7	8	9	10	11	12	13	14	15	16	17	18	19	20
21	22	23	24	25	26	27	28	29	30	31	32	33	34	35	36	37	38	39	40
41	42	43	44	45	46	47	48	49	50	51	52	53	54	55	56	57	58	59	60
61	62	63	64	65	66	67	68	69	70	71	72	73	74	75	76	77	78	79	80
81	82	83	84	85	86	87	88	89	90	91	92	93	94	95	96	97	98	99	100

〈주의 사항〉

1) 의지 I will가 반영되도록 쓴다. 그래야 무의식적으로 실천의 힘이 생긴다.

2) 구체적 숫자가 들어가고, 적극적이고, 긍정적이고, 진취적으로 쓴다.

3) 감정이 들어가도록 쓴다. 기쁨, 보람, 행복, 즐거움, 성취 등

3단계 뇌의 행동

: **구체적으로 상상하고,** 생생하게 시각화하라

〈첫 번째 실험〉

보기만 해도 먹음직스럽고 바삭한 ○○치킨을 상상해보자. 당신은 그 치킨의 닭다리를 잡아 한 입 베어 물었다. 먹는 순간 바삭함과 담백함 때문에 기분이 좋아지는 당신을 상상해보라. 그 모습이 너무 생생해서 입에서 군침이 도는가? 행복한 감정을 느꼈는가?

〈두 번째 실험〉

노란 레몬이 통으로 들어 있는 상큼한 레모네이드를 상상해보자. 당신은 그 레모네이드를 들어 한 모금 마셨다. 마시는 순간 레몬의 상큼함 때문에 저절로 눈이 감겨지는 당신을 상상해보라. 너무 생생해서 침샘에서 침이 나오는가? 상큼한 감정을 느꼈는가?

두 실험의 핵심 포인트는 다음 세 가지다.

(1) 실제가 아닌 허구로 상상이 가능한지

(2) 어느 정도까지 생생하게 그릴 수 있는지

(3) 실제와 동일하게 감정을 느끼는 것이 가능한지

실제 같았는가? 실제인지 상상인지 구분이 안 될 정도로 생생했는가? 감정도 느꼈는가?

성공했다면 당신은 부자가 될 수 있는 DNA를 갖고 있는 것이다. 방금 실험을 통해 확인한 당신의 능력과 성공한 사람들이 활용하고 있는 시각화 능력이 동일한 형태이기 때문이다.

성공한 사람들은 자신의 마음의 눈으로 미래를 미리 본다. 미리 생생하게 경험한다. 감정도 함께 느낀다. 이것이 시각화의 핵심이고 논리다. 자신의 꿈과 목표에 대한 모습을 생생한 영화나 선명한 사진처럼 가슴에 품고 있고, 잠재의식에 저장이 되어 있으면 실제로 이룰 가능성이 대폭 향상된다.

시각화는 생각보다 어렵고
막상 실천하는 사람이 드물다
그 결과 가난에서 벗어나지 못한다

우리는 의식하든, 의식하지 않았든 시각화를 사용해왔고, 사용하고 있다. 위의 치킨과 레모네이드 사례를 보면 알 수 있다.

하지만 차이점이 있다. 치킨은 실제로 먹어봤기에 상상하기가 쉽다. 레모네이드도 상상하기 쉽다. 즉 과거 경험을 현재로 끌어와 시각화하는 것은 더하기 빼기와 같이 쉬운 수준이다. 직접 경험 및 간접 경험을 수차례 해보았고 우리의 기억 속에 저장되어 있기 때문이다.

반면에 미래를 시각화하는 것은 어렵다. 격이 다르다. 훨씬 높은 수준의 시각화다. 아직 오지 않은 미래를 미리 그리는 것은 상당한 노력과 정성이 필요하다. 일반적으로 쉽지 않기 때문에 잘 실천되지 않고, 성공하지 못한다.

그래서 도구가 필요하다. 도구를 활용하면 시각화의 레벨을 높이가 더 수월하다. 도구를 활용하면 아직 오지 않은 미래의 모습을 더 구체적으로 상상할 수 있고, 영상으로 시각화하는 것도 한결 쉬워진다.

시각화와 관련하여 《꿈꾸는 다락방》의 저자 이지성은 "이제껏 당신이 성공하지 못한 것은 당신의 인생에서 시각화가 빠져 있었기 때문"일 수 있다고 강조한다.

아직 오지도 않은 미래를 그리는 것은 쉽지 않다. 게다가 믿기가 힘들다. '이게 말이 돼?', '과학적으로 증명 된 건가?', '시간 낭비 아닌가?', '허황된 기대로 혹하게 만드는 복권과 뭐가 다르지?' 하는 생각이 든다. 생각을 현실로 만들 수 있다는 말을 믿고 시각화를 실천하는 것은 쉽지 않다. 그래서 대부분의 사람이 사소하게 치부하고 실천하지 않는다. 즉 시각화는 생각보다 어렵고, 쉽게 믿어지지 않고, 대부분 실천하지 않는 것이 현실이다.

하지만 시각화의 존재와 중요성을 수많은 사례에서 되새김질할 수가 있다.

〈달 착륙〉

인간의 달 착륙이 성공하기까지 순서를 보자.

(1) 밤하늘의 달을 바라본다.
(2) 달에 직접 가보고 싶다는 '생각' 을 한다.
(3) 우주선을 타고, 우주복을 입고, 달에 착륙하는 모습을 생생하게
   '시각화상상' 한다.
(4) 우주선을 만들기 위한 지식, 기술, 사람, 자원을 구축하고 준비한다.

(5) 우주선을 발사하고 달에 착륙하기까지 수많은 시행착오를 거친다.

(6) 달 착륙에 성공한다.

　우주를 지나 달에 가겠다는 '생각' 을 생략하고 달 착륙 성공이 가능했을까? 우주를 가겠다는 간절한 '상상' 이 선행되지 않고 첨단기술의 우주선을 만들 수 있었을까?

〈비행기〉

　수십 명에서 수백 명의 사람을 태운 쇳덩어리가 하늘을 날게 할 수 있을까?

(1) 누군가 자유롭게 하늘을 나는 새를 바라본다.

(2) 인간도 새처럼 하늘을 날고 싶다는 '생각' 을 한다.

(3) 비행기를 만들어 수백 명을 태우고 하늘을 나는 모습을 생생하게
　'시각화상상' 한다.

(4) 비행기를 만들기 위한 지식, 기술, 사람, 자원을 구축하고 준비한다.

(5) 사람을 태우고 비행기를 완성하기까지 수많은 시행착오를 거친다.

(6) 비행기 생산에 성공한다.

　비행기를 만들겠다는 강력한 '상상' 을 선행하지 않고 비행기를 만들 수 있었을까? 상상을 건너뛰고 지금의 결과를 낼 수 있었을까?

이처럼 시각화를 선행해야만 가능한 일들은 셀 수도 없다. 현대 문명의 다양한 제품들을 둘러보면 시각화의 결과물이 너무 많다. 달 착륙, 비행기, 스마트폰, 전기…. 이 모든 것은 눈에 보이지 않는 상상이 선행되어야만 가능한 결과물이다. 건축물을 짓기 위해 가장 먼저 건물을 시각화하고 그다음에 설계도를 그리고 착공하는 것과 같은 원리다. 인간이 만든 결과물 중 머릿속에서 먼저 상상되지 않고 만들어진 것은 없다.

꿈이 두루뭉술하면 시각화가 어렵다
구체적으로 상상하라
그래야 원하는 것을 얻는다

상상 다음으로 중요한 것은 '구체화'다. 원하는 것 자체가 흐릿한 경우가 있다. 목표가 모호하고, 꿈이 두루뭉술하면 시각화가 쉽지 않다. 구체적으로 상상할수록 원하는 것을 쉽고 빠르게 얻을 수 있다. 쇼핑을 해도 상상한 옷이 구체적일수록 백화점에서 쉽게 찾을 수 있다. 부동산 투자도 상상한 물건이 선명할수록 매물을 쉽고 빠르게 찾을 수 있다.

꿈과 목표에 대한 시각화가 잘 되어 있으면, 이루어지는 데 필요한 자원, 사람, 지식, 기술, 환경 등을 찾는 안테나가 작동한다. 잠재의식의 레이더는 24시간 작동한다. 자신의 시각화가 선명할수록 적절한 행동과 적시적인 도전을 하고 관련된 기회를 쉽게 알아차린다.

《당신의 소중한 꿈을 이루는 보물지도》의 저자 모치즈키 도시타카는 "최근 대뇌생리학과 심리학 연구에 따르면 '마음속으로 이미지와 비전을 생생하게 그리는 사람일수록 원하는 인생을 살 수 있다. 다시 말해 이미지와 성공은 밀접한 관계가 있다' 고 합니다. 그래서인지 성공한 사람들이나 행복한 부자로 불리는 사람들은 자신의 꿈을 마음속에서 끊임없이 명확한 이미지로 그립니다"라는 점을 강조하였다.

디즈니 영화〈알라딘〉에서 지니가 이렇게 묻는다.

'당신의 소원은 무엇입니까?'

이때 '음···. 내 소원은··· 뭐지···?' 이렇게 머뭇거리고 있으면 꽝이다. '음··· 적당히 부자가 되고 싶어!' 라고 얘기해도 꽝이다. 이렇게 대답해서는 알라딘의 요술램프 100개가 있어도 얻을 게 없다. 지니 입장에서도 원하는 소원이 명확하지 않으니 해주고 싶어도 해줄 수가 없는 것이다.

무엇이 되고 싶고 갖고 싶은지 상상이 잘 안 되는 것. 구제척인 이미지를 그리기 힘든 것. 꿈을 달성한 모습이 어떤 모습인지 흐릿한 상태에서는 무엇도 이루기가 힘들다.

성공 공식에 대한 책을 웬만큼 읽어본 독자라면 철학, 종교, 성공학 분야 모두에서 '생생하게 꿈꾸면 현실이 된다' 는 공통적 내용을 발견했을 것이다. 생생한 상상은 원하는 것을 이미 달성된 것으로 인정하고 받아들이는 작업이다. 대부분의 사람들이 꿈을 이루지 못하는 이유 중 하나는 상상 '도' 하지 않았기 때문이다.

최선을 다해서 미래를 상상하고 생생하게 꿈꾸면 현실이 될 가능성이 높다. 머릿속에 그림을 그리고 영화를 보면 그때의 느낌과 감정을 느끼는 데 도움이 된다.

시각화는 절대 쉽지 않다. 혼신의 힘을 다해서 진정성을 가지고 당신의 미래의 그림을 그려야 한다. 절실한 마음을 담아 절실하게 상상해야 한다. 이런 노력을 하루하루 쌓아나가야 한다. 그래야 부자가 되고, 큰 성공이 가능하다.

나의 성공한 미래 시뮬레이션하기

시각화는 가슴 뛰는 삶을 살고 행복한 삶을 위한 도구가 될 수 있다. 어설프게 아
는 데서 그치지 말고 적극적이고 긍정적으로 활용해보자.

1. 미리 보는 나의 미래 파일

순서	내용
1단계	A4 사이즈의 클리어 파일을 준비한다. 표지에 '000의 미래 파일' 이라고 쓴다.
2단계	자신이 되고 싶은 것/갖고 싶은 것/하고 싶은 것/원하는 미래의 나의 모습/원하는 미래의 가족 모습/나의 이상형/나의 롤모델 등 관련된 이미지를 배치한다. 자신의 이미지 사진/증명사진 등도 함께 넣는다. A4용지 한 장에 4장 정도의 사진이 들어가면 적당하다.
3단계	이미지로 만족되지 않으면 이미지 밑에 간단한 부가 설명을 붙여도 좋다.
4단계	이미지는 마음이 끌리고 심장이 뛰는 사진으로 신중하게 고를수록 좋다. 어떤 제한도 없다. 목적은 생생하게 상상하는 데 참조하기 위해서다. 잠재의식에 구체적이고 선명하게 기억하기 위해 사진을 찾는 것임을 잊지 말자.
5단계	클리어 파일을 손이 가장 잘 닿는 곳에 놓고 하루 한 번 꺼내본다. 휴대폰이나 노트북 배경화면을 활용해도 좋다. 매일 보는 것이 핵심이다.
6단계	10분 이상 바라보고, 이루어졌을 때의 감정을 함께 느끼려고 노력한다. 감정이 핵심이다.

주의 : 형식과 내용에 구애받지 않는다. 형식보다는 마음속의 상상하는 것과 일치하는 사진을 찾는 것이 중요하다. 생생하게 상상하는 데 도움받기 위한 도구일 뿐이다. 본질은 생생하게 상상하고 감정을 느끼는 것이다. 핵심은 반복하여 잠재의식에 심는 것이다.

2. 마음속에서 영화 찍기

골프, 양궁, 격투기 등 스포츠 세계에서는 '이미지 트레이닝' 이라는 것을 한다. 머릿속으로 상상하면서 미리 경기를 치르는 것이다. 경기 시작부터 끝날 때까지 과정 하나하나를 미리 시뮬레이션하는 것이다. 그리고 자신이 주인공이 되어 승리하는 영화를 찍는 것이다.

〈집에서 실천하기〉

1) 10~30분의 시간을 확보한다.

2) 편안한 자세로 의자에 앉거나, 편안한 침대에 눕는다.

3) 호흡을 편안히 하고, 생생하게 상상하려고 노력한다.

〈현장에서 실천하기〉

현장에 직접 가는 것은 효과적이다. 원하는 대학교가 있으면 직접 찾아가서 시각화를 하는 것이다. 원하는 회사가 있으면 직접 찾아가서 상상한다. 나의 소망이 이루어졌을 때 있을 장소에 미리 가서 상상하면 훨씬 수월하게 시각화할 수 있다.

⑤

4단계 예견 행동

: 원하는 것을 얻었다고 생각하고 감사 편지를 쓰라

이미 얻은 것으로 생각하고 행동하는 것. 행복감을 느끼는 것. 감사의 표현을 하는 것. 이것은 원하는 것을 얻는 마법의 주문이다. 원하는 것을 얻었을 때의 기쁨과 행복감을 힘껏 느껴보자. 그것은 우리의 잠재의식과 영혼에게 하는 특별 주문이다.

《종이 위의 기적, 쓰면 이루어진다》의 저자 헨리에트 앤 클라우저는 이렇게 말한다.

"결과에 초점을 맞춰야 하지만 그것보다 더욱 심오한 수준을 마음속에 정해놓으면 그곳까지도 도달할 수 있다. 이것은 결심을 더욱 굳건하게 만드는 효과도 있다. 나는 이 심오한 수준을 '이익의 이익' 혹은 '결과의 결과'라고 부른다."

소득과 재산, 배우자, 직업, 환경, 사업과 관련하여 원하는 것을 이미 얻은 것으로 생각해보자. 너무나 행복한 감정을 가득 안고, 감사하다는 자필 편지를 써보자. 나의 잠재의식은 큰 기쁨과 행복감을 지켜주고 싶은 마음이 굴뚝같을 것이다. 그 마음은 특별한 에너지가 되고 그 에너지로 원하는 것을 얻게 될 것이다.

이미 달성한 것처럼 생각하라
미래의 행복감을 느껴라
그리고 감사하라

원하는 것을 얻는 특별한 방법 2가지는 다음과 같다.

1) 미래의 나에게 미리 쓰는 감사 편지

- 꿈에 그리던 것을 얻은 미래의 나에게 감사의 편지를 쓴다. 현재 시제로 쓴다.
- 주제는 경제적인 부, 취업, 연애, 결혼, 인간관계, 내적 평화 등 자율이다.

〈필자가 작성한 샘플〉

"감사합니다. 경제적 자유를 저에게 주셔서 감사합니다. 저는 월수입이 5,000만 원일 뿐만 아니라, 자산은 100억 원입니다. 월수입은 나날이 증가하고 있고, 순자산 역시 빠른 속도로 증가하고 있습니다. 경제적 자유를 통해서 저는 많이 웃고, 여유가 넘칩니다. 경제적 자유로 인해 스스로에게 큰 힘이 되고, 충만한 기분을 느끼게 합니다. 매년 1억 원씩 기부를 하고, 지금 이 순간을 즐기고 있습니다. 행복하고 만족스러운 라이프 스타일을 가지고 있습니다.

경제적 자유와 함께 시간적 자유, 내적 평화, 육체적 건강, 정신적 안정을 가지고 있습니다. 사랑하는 배우자와 자녀들과 함께 하고 싶은 일을 원하는 때에 하고 싶은 만큼 할 수 있습니다.

음식점에서 메뉴를 볼 때 가격표를 보지 않습니다. 최고의 서비스, 최고의 음식을 먹으며 삶을 채워 나갑니다. 무엇보다도 삶의 조화와 균형을 가지고 있습니다. 직업사업적으로도 인정받고 있으며, 즐겁게 사회에 기여하고 있습니다. 모든 상황과 환경에 만족하고 있습니다.

제 자신을 소중하게 생각하고 아낍니다. 온전하게 자신을 사랑합니다. 아무것도 하고 있지 않아도 편안한 기분을 느낍니다. 새로운 도전에 대해서도 열정이 솟구칩니다. 새롭게 도전하는 관계, 배움을 통해 에너지를 주고받습니다. 경제적 풍요는 저와 평생을 함께 하고 있습니다. 삶의 여행 속에서 늘 함께 합니다. 이렇게 특별한 경제적 자유를 주서서 감사합니다."

2) 달성 후 시나리오 쓰기

- 처음에 생각했던 것을 넘어, 그 이상의 수준까지의 모습을 그린다.
- 원하는 이유를 적고, 어떻게 전개가 되고, 달성될 수 있는 이유에 대해서 쓴다.

〈필자가 작성한 샘플〉

"심혈을 기울인 나의 저서가 베스트셀러가 되었다. 1만 독자, 10만 독자, 100만 독자. 이 엄청난 일에 심장이 터질 것 같다. 흥분을 감출 수가 없다. 행복의 바다에 빠져서 허우적대고 있다. 강연 요청이 쇄도한다. 강연을 할 때 우레와 같은 박수와 감탄이 쏟아진다. 절정의 기쁨과 황홀함을 맛본다. 나의 강연에 청중이 감화되고, 도움을 받는다. 감사 표현이 폭포처럼 쏟아진다.

TV 강연 프로그램에 출연했다. 너무나 놀랍고, 경이롭고, 기쁘다. 심장이 뛰고 있고, 가슴이 터질 것 같다. 최고의 강연 무대에서 강연을 지속적으로 할 수 있게 되었다는 것에 벅차오르는 기쁨을 느낀다. 촬영 스태프 모두 나를 환영해주고 있다. 출연진도 반갑게 인사해준다.

저술과 강연은 한 세트다. 서로 도움이 되는 작업이다. 강화시키려는 노력은 집필과 강연의 다른 영역을 묶어주는 본질이다. 또한 다른 영역에서 성공 경험이 다른 쪽으로 확대 재생산된다. 더욱이 오랫동안 꿈꿔왔던 것이기에 기쁨이 분수처럼 솟아오른다. 공들인 저서가 출간될 때, 독자가 도움을 받고 고마워할 때, 강연의 시작과 끝에서 흥분감, 감화되는 사람들을 바라보는 것은 나에게 강력한 감동을 준다. 엄청난 파장과 에너지를 준다. 다음의 저술과 강연에 원자력 같은 에너지원이 된다."

(1) 미리 쓰는 감사 편지, (2) 달성 후 시나리오 쓰기. 이 두 방법 은 강력한 자기 예언적 기법으로 자기암시 효과가 탁월하다. 이는 단순하게 목표를 적고, 말하고, 시각화하는 것에서 좀 더 심층적으 로 접근한 방법이다.

역시 중요한 것은 실천이다. 한 번 읽어보고 '음, 좋은 방법이군' 하고 나서 책을 덮으면 아무 의미가 없다. 스스로 고민해서 직접 작 성한 결과물이 있어야 한다.

긍정적 주파수가 높은 감사의 마음을 담아 편지를 쓰는 것은 우 리의 영혼을 울린다. 우리의 잠재의식은 그 울림을 뿌리칠 수 없다. 마치 아들이 엄마에게 호소하는 메시지와 같다. 우리를 사랑하는 우리의 영혼은 우리에게 선물을 줄 것이다.

미리 쓰는 감사 편지와 미래의 시나리오

1. 미래의 나에게 미리 쓰는 감사 편지

> 주제 : 경제적인 부, 취업, 연애, 결혼, 인간관계, 내적 평화 등

주의 : 현재 시제로 쓰고, 이루어진 상태로 가정하고 쓴다. 감사의 마음을 표현한다. 내가 느끼는 감정을 표현한다. 가능한 한 구체적으로 묘사한다.

2. 달성 후 시나리오 쓰기

> 주제 : (예) 이상형인 배우자와 결혼했을 때의 삶의 모습

주의 : '왜냐하면~, 이렇게~ 되었다, 이런 모습니다, ~ 덕분에 달성되었다' 와 같이 구체적으로 작성한다.

출처: 종이 위에 기적, 쓰면 이루어진다

5단계 헐크 행동

: 심신을 최상의 상태로 끌어올려라

인간은 특정 음악이나 상황, 특정한 말, 특정한 촉각을 느꼈을 때 과거의 경험과 감정을 불러들이는 능력이 있다.

자장가를 들으면 어머니의 사랑과 목소리와 부드러운 손길이 떠오른다. 그때마다 잠들었던 기억이 떠올라 세포들이 졸리는 쪽으로 반응하는 것이다. 승리를 상징하는 노래 '오, 필승 코리아' 를 들으면 승리감에 도취되었던 월드컵의 기억이 떠오른다. 내 몸의 세포들은 승리하던 순간의 컨디션, 호흡, 패턴으로 돌아간다.

특정한 장소에 가면 불쾌했던 경험과 감정이 떠오를 수 있다. 반대로 어떤 장소에 가면 아련한 첫사랑의 추억과 그때의 설렘의 감정이 떠오르기도 한다. 어떤 음식을 보고 먹을 때마다 그 음식을 좋아하는 한 사람이 생각날 수 있다. 어떤 노래를 들으면 학창시절 친구들과 함께 여름 캠핑을 갔던 기억이 떠오르고, 그때 즐거웠던 추억이 연상된다.

인간은 망각의 동물이지만 잠재의식에 깊게 저장된 기억은 언제든지 소환할 수 있는 능력이 있다. 이 능력을 어떻게 활용할 수 있을까?

경제적 자유를 얻는 일, 사회적으로 성공하고 인정받는 일은 호락호락하지 않다. 원대한 목표를 세우고 한 걸음씩 걸어가는 길은 쉽지 않다. 그 길 위에서 우리는 상당한 인내력과 추진력이 필요하고, 강력한 동기가 필요하다.

원하는 대학교에 입학하기 위해 밤샘 공부를 하고, 취업과 승진을 위해 밤낮으로 노력하고, 세계적으로 인정받는 구루가 되기 위해 도전하고 쓰러지고, 다시 일어서고 또 쓰러지기를 반복한다.

이때 헐크가 필요하다! 마블 영화 '어벤저스'에 나오는 어마어마한 파괴력을 가진 헐크를 생각해보자. 평소에는 지적인 박사님이다가, 녹색 괴물로 변신하면 엄청난 파괴력을 갖게 된다.

부와 성공의 목표를 향한
지속적인 추진력을 확보하라
괴력의 헐크로 변신하라

우리에게도 우리의 육체와 정신을 순간적으로 풍요감, 자신감, 인내력, 집중력, 창의력, 긍정 에너지가 넘치게 하는 방법이 있다면 얼마나 좋을까?

순간적으로 엔진 출력을 높여 추진력을 높이는 터보 기능이 있는 자동차처럼 우리도 순간적으로 강력한 상태로 변신하는 슈퍼파워 모드가 있다면 얼마나 좋을까?

어마어마한 파괴력을 가진 헐크처럼 변신하여 결승점에 도착하는 방법을 알아보자. 목표를 향한 터보 모드를 작동시키고, 지속적인 추진력을 확보하는 방법이다.

그렇다면 우리 삶에서 헐크로의 변신이 필요한 순간은 어떤 것들이 있을까?

감정적으로 필요한 순간	예시
1. 연이은 실패로 자존감이 바닥일 때	1. 대학 입학, 취업, 사업, 다이어트, 운동 등
2. 결핍감을 느끼고 있을 때	2. 경제적 부족, 욕구 불만, 애정 결핍 등
3. 다수의 사람들 앞에서 긴장감을 느낄 때	3. 프레젠테이션, 경쟁 PT 등

육체적으로 필요한 순간	예시
1. 강한 근력을 쓰기 전	1. 헬스장에서 더 높은 무게들 들어야 할 때
2. 근지구력을 써야 할 때	2. 장거리 달리기에서 체력 고갈 됐을 때
3. 겨루기를 해야 할 때	3. 태권도, 택견, 권투, 유도, 검도 등

정신적으로 필요한 순간	예시
1. 집중력이 떨어질 때	1. 공부, 일, 운동 등
2. 인내심이 약해질 때	2. 밤샘공부, 야근, 장기간 글쓰기 등
3. 창의력이 저하될 때	3. 아이디의 회의, 신상품 개발 등

위의 예시들은 우리가 살면서 강력한 장치가 필요한 순간들이다. 어지간한 피로회복제로는 한계가 있다. 헐크로 변신하는 강력한 도구가 있다면 큰 도움을 받을 수 있다. 《거인의 힘 무한능력》의 저자 토니 로빈스는 '성공적인 자극 심기를 위한 네 가지 중요 요소'를 다음과 같이 말했다.

첫째, [집중]상태. 완전히 몰두하고, 몸과 마음이 일치된 상태에 있어야 한다.
둘째, [절정상태 직전]에 자극을 주어야 한다.
셋째, [독특]한 자극을 선택해야 한다.
넷째, 정확하게 [반복]할 수 있어야 한다.

가장 원하는 상태를
지금 여기로 소환하라
그리고 최적의 에너지를 끌어올려라

'파블로프의 개' 실험처럼, 인간도 시각, 청각, 촉각으로 반복적인 자극을 받으면 육체와 정신에서 조건반사가 일어난다.

이 원리를 우리의 소망과 열망, 꿈과 목표를 달성하는 데 활용해보자. 기본적인 원리는 원하는 상태를 수차례 불러와서 스위치를 설치한다고 생각하면 된다. 스위치가 성공적으로 설치가 되면, 원하는 때 스위치만 켜면 원하는 상태를 활용할 수 있는 것이다.

스위치를 설치하는 것은 간단하다.

[원하는 상태 불러오기→특별한 자극→원하는 상태 불러오기→특별한 자극]
× 10회

이렇게 자기 자신에게 특별한 자극을 하면 원하는 상태가 소환되도록 세뇌시키는 것이다. 원하는 상태의 종류는 우리가 임의로 선택할 수 있다.

예를 들면 다음과 같다.

신나는 상태 : 콘서트에 갔을 때, 놀이공원 갔을 때, 노래방에 갔을 때 등

흥분된 상태: 월드컵 승리했을 때, 여행 가기 직전, 데이트 신청에 성공했을 때 등

자신감 상태: 시험 합격했을 때, 100점 맞았을 때, 취업에 성공했을 때 등

성취감 상태: 우수상받을 때, 모범상 받을 때, 세일즈 계약 체결 성공했을 때 등

대범함 상태: 번지점프 성공했을 때, 스카이다이빙 했을 때, 다이빙 할 때 등

사랑의 상태: 첫사랑을 만났을 때, 이상형과 함께 있는 순간 등

위의 예는 우리가 좋은 에너지로 가득 찼을 때의 모습이다. 표정, 호흡, 자세가 강력할 때의 상태다. 이때의 컨디션과 에너지를 원하는 때, 원하는 장소에서, 필요한 만큼 쓸 수 있다.

이 원리를 잘 활용하면 우리의 소망과 열망, 꿈과 목표, 경제적인 부를 얻는 데 도움이 될 수 있다. 새로운 도전과 인내가 필요한 작업에서 우리의 육체적, 정신적 컨디션을 극대화시킬 수 있다. 생각만 해도 가슴 벅차고 멋진 기술이다.

나만의 헐크 행동 만들기

월드컵에서 축구선수들이 모여서 어깨동무를 하고 독특한 구호와 행동을 하는 것을 보았는가? 스포츠 선수들은 경기 전에 자기만의 의식이 있다. 특정 음악을 듣기도 하고, 특정한 액션을 하기도 하고, 특정한 언어와 행동을 함께 반복하기도 한다. 이 모든 것은 경기 시작 전에 정신과 육체의 세포들의 텐션을 올리고 고양시키는 조직적인 방법이다. 이와 같이 우리도 나만의 '헐크 행동'을 만들 수 있다. 설치 매뉴얼은 다음과 같다.

1단계. 집중하기

- 정신을 집중하여 원하는 컨디션과 에너지를 소환한다.
- 스스로 떠올리는 게 어렵다면 그와 관련한 노래를 들어본다.
- 어떻게든 긍정적인 경험을 불러와야 한다.

예를 들어 심장이 뛰고 자신감이 넘치는 상태를 불러오려면, 팔굽혀 펴기, 달리기 등을 해서라도 그때의 컨디션을 불러오고, 육체를 펌핑한다. 콘서트장에서 느꼈던 흥분감과 에너지를 불러오려면, 그때의 노래와 그때의 행동, 호흡, 목소리 톤, 그때의 자세까지 동일하게 하면서 자신에게 집중한다.

2단계. 자극 주기

- 절정 직전에 자극을 주어야 하고, 자극은 독특해야 한다.
- 시각, 청각, 촉각을 모두 동원할수록 좋다.

- 핵심은 시각+청각+촉각을 모두 자극하고 독특하게 반복하는 것이다. 특정한 춤 동작도 좋다. 특정한 노래 구절과 춤 동작을 반복하면, 그 춤 동작을 할 때마다 원하는 상태로 전환 가능하다. 세팅을 어떻게 하느냐에 따라서 전투 태세, 긍정 태세, 행복 태세, 자신감 태세로 전환이 되는 것이다.

1. 촉각

특정 손가락에 통증 주기 : 마디나, 손톱 윗부분을 아프게 누르기

주먹다짐 : 한 손으로 주먹을 쥐고, 반대쪽 손바닥을 빠르고 세게 5번 치기

박수 : 빠르게 20번 치기

2. 청각

기합 : 빠샤! 아자! 합! 업! 등의 구호를 외치면서 강하게 기합 넣기

언어 : 할 수 있다! 승리한다! 아주 좋아! 등

노래 : 특정 노래의 특정 부분을 부르기

3. 시각

사진 : 자신을 강하게 자극시키는 사진을 바라보기

영상 : 특정 영상을 반복적으로 보기

문구 : 특정 명언이나 시를 적은 메모지 바라보기

3단계. 반복하기

- 1단계와 2단계를 무한 반복한다. 처음에는 잘 안 된다. 하지만 10번, 20번 하면 조금씩 된다. 될 때까지 해야 한다. 낯선 방법이기 때문에 처음에는 당연히 잘 안 된다. 하지만 성공하기만 하면 원하는 것을 얻는 데 큰 도움이 된다.

⑦

6단계 베풂 행동

: 베푸는 행동이 부자를 만든다

"항상 베풀어라. 다른 이들에게 베풀지 않는다면 수많은 감정의 소용돌이 속에서도 진정으로 살아 있다는 느낌만은 받지 못할 것이다. (중략) 인간의 본성은 이기적이지 않다. 금전적으로 풍족해지는 것이 충만함의 핵심이 아님을 상기할 필요가 있다. 돈만으로는 탁월한 삶을 얻을 수 없다."

《흔들리지 않는 돈의 법칙》의 저자 토니 로빈스가 부자들의 '베풂'에 대해 강조한 대목이다. '돈의 법칙'을 전파하는 세계적인 저자가 왜 '베푸는 행동'의 중요성에 대해 말했을까?

전 세계적인 부자들과 성공자들의 가장 큰 공통점 중 하나는 바로 '베푸는 행동'을 한다는 것이다. 그들은 주로 선물, 선행, 기부를 통해 베푸는 행동을 한다. 그들이 남에게 선행을 하고 기부를 하는 이유가 단지 돈이 많아서일까? 그렇지 않다.

사람은 심리적으로 주는 것보다 받는 것을 좋아하지만, 수많은 성공학과 부자학에서는 타인에게 좋은 것을 '주는' 사람이 되라고 강조한다. 동서고금을 막론하고 수많은 현인과 대인배는 '베풂'을 실천할 것을 당부한다.

베푸는 행동이 중요한 이유는 그 행위 자체가 인간의 자존감을 높여주기 때문이다. 주고도 괜찮다는 인식은 나의 가치와 자격을 높이는 느낌을 준다. 베푸는 행동을 할 때 인간의 잠재의식은 '나는 줄 만큼 여유가 있고, 성공할 자격이 있다'는 것을 이미 받아들인다. 이렇게 발생한 감정은 그것과 관련된 행동과 주파수를 일으키게 되고, 유익한 것을 끌어당긴다.

즉 베푸는 습관을 갖고 베푸는 행위를 하는 것은 당신의 무의식에 '나는 부자가 될 만한 자격이 있다'는 주파수를 심어줌으로써 미래에 부자가 될 가능성을 높여주는 강력한 도구가 되는 것이다. 베푸는 행동을 통해서 당신도 부자와 동일한 감정을 가질 수 있다. 도구를 활용하며 체화된 습관은 당신을 부자의 길로 이끌게 된다.

이렇게 부자들이 하는 행동을 우리 삶에 적용한다면 부자들과 동일한 감정을 갖게 되는 것이다. 결국 베푸는 행동을 하는 것이 실제로 부자가 되는 데 큰 도움이 된다.

> 베푸는 행위를 할 때 당신의 무의식은
> 이미 부자가 된 것 같은
> 주파수와 에너지를 부른다

타인에게 선물을 하는 것은 결국 더 큰 것을 돌려받게 하는 부메랑 효과가 있다. 표면적으로는 주는 행동이지만, 실질적으로는 '주는 사람이 더 많이 받는' 게임이다.

이런 비밀을 알고 있는 부자들은 그래서 베풂의 행동을 즐겨한다. 대를 잇는 큰 부자일수록 더 베푼다. 부자들의 이러한 베푸는 행위에는 다음 두 가지가 있다.

첫 번째는 '선행' 이다.

선행이란 다른 사람에게 '비물질적' 으로 좋은 것을 주는 것이다. 선행은 다른 사람에게 감사와 용서를 주고, 친절과 온정을 주고, 정성과 열정을 주고, 우리의 시간과 재능을 주고, 돈과 물질을 제공하는 행동이다. 이런 행동으로 타인에게 긍정적이고 좋은 것을 주는 사람은 반대급부로 내적인 풍요와 안정을 받고 마음이 관대하고 넓어진 느낌을 받는다. 선행을 통해 우리는 충만해진다.

이 느낌은 '덕을 쌓는' 느낌이다. 내가 좋은 사람임을 저축하는 느낌이고, 좋은 기운이 쌓여가는 기분이다. 이 느낌은 정신과 영혼이 건강하게 되고, 육체적으로도 건강하게 된다. 이러한 건강이 성공을 부르고 부를 부르게 된다. 속이 좁은 사람이 아닌 속이 넓은 현인이 되는 효과가 있다. 교활한 사람이 아닌 자비로운 대인처럼 보이는 효과가 있다. 이 느낌은 사람들을 끌어당기고, 함께 있고 싶고, 파트너가 되고 싶게 만드는 힘이 된다. 매력적이고 따르고 싶은 사람이 된다.

또한 선행은 마음에 긍정적인 효과가 있다. 상처를 치유한다. 마음이 선해지고, 영혼이 맑아진다. 행복해진다.

행복한 사람이 부를 끌어당기고 부자가 될 확률이 높다. 반면에 남을 시기하고 질투하면 자신의 마음이 괴롭다. 궁색하고 남에게 받으려는 행동을 하면 마음이 좁아지고 주변에 사람이 없어서 우울한 감정을 느끼기 쉽다. 마음이 괴롭고 우울한 사람은 결핍과 고통을 끌어당기고 빈자가 될 확률이 높다.

강아지에게도 애정 어린 눈길과 사랑을 주면 강아지가 따른다. 심지어 물건도 조심스럽고 소중하게 대하면 우리에게 유익을 준다. 어린아이에게도 칭찬과 관심을 주면 우리를 따르게 된다. 좋은 마음을 주고 베풀면 우리에게 좋은 것이 돌아오는 것이 자연스러운 이치다. 반대로, 강아지를 학대하고, 물건을 함부로 대하고, 아이들을 괴롭히는 사람에게 좋은 일이 생기겠는가? 이것이 선행의 역할이다.

> 비물질적인 것을 베푸는 선행,
> 모르는 사람에게 베푸는 기부.
> 진정한 부자들은 이 둘을
> 이미 실천하고 있다

두 번째는 '기부' 다.

전혀 모르는 제 3자에게 하는 기부는 가까운 사람에게 돈을 쓰는 것보다 훨씬 실천하기 어렵다. 그렇기 때문에 더 강력한 힘이 있다.

의식이 높은 사람이 기부를 한다. 기부는 지인에게 하는 선물보다 더 고차원적이다. 일시적인 기부보다 정기적으로 기부를 하면 반복의 힘으로 그 효과가 배가 된다.

부의 비밀을 실천하는 유대인은 삶에서 꼭 해야 할 일 중에 '기부' 를 꼽는다. '베푸는 이가 더 큰 이익을 얻는다' 는 원리를 뿌리 깊게 믿고 있는 것이다. 역사적으로 큰 부를 이루었던 사람들이나 대부호들이 돈을 내놓은 것은 합리적이어서가 아니다. 주는 사람이 될 때 더 많은 것을 돌려받을 수 있다는 사실을 직감적, 경험적, 신념적으로 알고 있기 때문이다.

아무리 적은 액수라 할지라도 기부는 그것을 하는 사람에게 부자의 마음을 갖게 한다. 일반적으로 사람들은 내 돈을 나를 위해 쓰기 바쁘다. '내가 불우이웃인데, 왜 기부를 해?', '그 돈으로 차라리 내가 먹고 싶은 것 사먹을래' 라고 생각한다.

반면에 부자들은 '나는 충분히 갖고 있어', '나는 풍족하니까 다른 사람들에게 도움을 주어도 여전히 부자야' 라는 생각으로 베푸는 행동을 한다. 이런 맥락에서 기부의 행동을 통해 부자들의 마음을 알 수 있게 된다. 즉 기부를 통해서 부자의 마음을 직접적으로 체험하게 되고, 주는 마음을 체화시킬 수 있는 기회가 되는 것이다.

기부는 특히 잠재의식을 부드럽게 설득한다. 정기적인 기부는 설득력이 가장 강하다. 만약 잠재의식이 스스로 '나는 부자 될 자격이 없다' 고 인지하면 그 사람은 아무리 노력해도 부자가 될 수 없다. 잠재의식 속에서 '내가 기부할 돈이 어디 있어?', '먹고 살기도 바쁜데?' 라는 생각으로 방어 태세를 취한다면 그 사람은 부자의 마인드를 갖지 못한다.

'나는 성공할 자격이 있다' 는 것을 잠재의식에 설득하는 것은 어렵고 힘든 과정이다. 잠재의식은 생존 모드를 작동시키고, 기부를 했을 때 나의 생계가 힘들어질 것을 걱정하는 존재이기 때문이다.

그럼에도 불구하고 기부는 잠재의식을 설득하는 힘이 있다. 행동에 의해 설득된 잠재의식은 부자의 마음에 어울리는 풍족한 환경과 소득과 재산을 끌어당긴다.

결국 기부는 부자가 아닌 상태에서 부자의 마음을 갖게 만들고, 부자가 되는 데 큰 역할을 하는 것이다.

행복한 부자는
사람을 통해서만 가능하다
베푸는 행위는 사람을 끌어들인다

큰 돈을 벌고 늘리는 것은 사람을 통해서 가능하다. 주변에 사람이 많고, 나에게 호감을 가지고 도와주는 사람이 많아야 부자가 될 수 있다. 그런 의미에서 베푸는 습관과 기부하는 습관은 사람들을 끌어당기는 강력한 수단이 된다.

베푸는 행동은 이타적인 것이지만 결과적으로는 자신에게 강력한 도움을 주는 행동이다. 부자들은 부자가 되기 전부터 그런 행동을 해왔고, 부자가 된 이후에는 더 크고 넓은 영향력으로 선행을 실천한다. 부자들이 타인에게 베푸는 행동을 하는 이유는 '도움을 주는 사람'이라는 정체성이 공동체 속에서 성공할 가능성을 크게 올려주기 때문이다.

결론적으로 부자의 완성은 베푸는 행동의 실천이다. 선물하고, 선행하고, 기부하는 행동을 통해 누구나 부자의 마음을 얻을 수 있다. 베푸는 행위를 통해 우리의 잠재의식은 부자의 마음으로 스스로를 세팅한다.

일정 수준의 소득과 재산이 축적되면 자기 자신을 위한 물질적 소비만으로는 행복감을 느끼는 데 한계가 있다는 연구 결과가 있다. 3만 원을 나 자신만을 위해 쓰는 것보다 좋아하는 사람을 위해 베푸는 마음으로 밥을 살 때의 행복감이 훨씬 크다.

왜 선물하고, 기부를 해야 할까? 그것은 행복의 길이와 크기가 더 크기 때문이다. 그것이 바로 부자의 길이기 때문이다. 같은 돈이라도 베푸는 곳에 사용하면 인간이 느낄 수 있는 행복이 크다. 부디 주는 기쁨을 많이 느끼는 사람이 되길 바란다. 베푸는 사람이 되어 행복한 부자가 되기를 바란다.

부자의 길로 이끌어주는 베풂의 행위 ABC

1. 비물질적 선행 리스트

종류	예시	실천 횟수
감사	'감사합니다', '고맙습니다' 인사 하루에 3번 말하기	<u>正正正正</u>
온정	아이들에게 따뜻한 말 해주기	
친절	방문 고객에게 성심성의껏 대하기	
정성	선물 포장 고객에게 정성스럽게 포장해주기	
열정	직장에서 만나는 사람들에게 열정적으로 대하기	
사랑	가족과 배우자에게 사랑 표현하기	
용서	나에게 피해를 준 사람을 용서해주기	
시간	내 시간을 투자해서 다른 사람 도와주기	
재능	나의 재능을 발휘할 곳에서 봉사하기	

2. 선물 DAY

: 좋아하는 사람에게 마음을 담은 선물을 준비해보자.

: 월 1~2명의 소중한 사람에게 선물하는 습관을 가져보자.

: 선물하는 날짜를 임의로 정해서 매월 실천해보자.

3. 밥 DAY

: 좋아하는 사람에게 밥(또는 차) 사주는 날을 정해보자.

: 월 1~2명의 소중한 사람에게 사주는 습관을 가져보자.

4. 기부 적금 & 정기 후원

: 1년 만기 기부 전용 적금을 가입하자. 월 적금 금액은 스스로 정하자.

: 만기가 되면, 원하는 형태로 목돈을 기부해보자.

: 스스로 주는 사람임을 마음껏 느끼자.

: 비영리 기부단체에 정기 후원을 하는 것도 좋은 방법이다(월 기부 금액은 자율).

5. 같은 돈이라도 사용하는 방법의 따라서 행복감의 크기와 길이가 다르다.

금액	사용 방법	행복의 크기 (1~10점)	행복의 길이 (1~10점)
3 만 원	혼자 맛있는 밥 + 혼자 영화		
	좋아하는 사람과 함께 밥먹고, 내가 사기		
10 만 원	나를 위해서 돈 쓰기		
	좋아하는 사람에게 선물하기		
50 만 원	나의 물질적인 욕구 채우기		
	기아로 고통받는 아이들을 위해 국제구호단체에 월 4만 원씩 기부하기		

부자가 되는 성과의 80%는 20%의 행동에서 나온다고 할 수 있다. 행동 중에서도 일단 시작하는 행동이 남들보다 더 나은 결과를 얻을 수 있다.

준비 과정을 무시하거나 생략하라는 것이 아니다. 지금 나에게 주어진 시간, 장소, 환경, 자원, 경험, 지식 속에서 최선을 다해 준비하되, 발 빠른 행동 마인드가 부자 게임에서 승률을 높여준다는 것이 포인트다. 시작에 무게 중심을 두는 것이 핵심이다.

부자가 되기 위해 책을 읽는 것은 중요하다. 반드시 읽어야 한다. 하지만 책을 100권을 읽고, 1,000권을 읽어도 행동하지 않으면 무슨 소용이 있을까? 차라리 1권을 빠르게 읽고, 한 가지라도 빠르게 실천하는 사람이 한 걸음 더 앞선 것이 아닐까? 연애 책 10권, 사업

책 10권, 투자 책 10권 읽을 시간에 1권을 빠르게 읽고, 부딪히면서 부족한 부분을 한 번 더 읽어보는 마인드가 원하는 것을 빠르게 얻을 것이다.

필자는 여기까지 모두 읽은 독자를 칭찬해주고 싶다. 하지만 다 읽었음에도 아무것도 실천하지 않는 독자는 칭찬을 취소하고 싶다. 각 장마다 실천을 위한 연습 문제를 수록한 것도 실천을 돕기 위한 의지다. 그 중에 한 가지씩 실천하면 한 걸음, 두 가지 실천하면 두 걸음 나아가는 것이다. 성실하게 따라가다 보면 독자는 단단한 부자가 된다. 결국 나이테가 쌓여가며 굵어지는 나무처럼 풍요롭고 멋진 부자가 될 것임을 확신한다.

부디 이 책을 읽고 실천한 모든 독자가 부자가 되기를 진심으로 바란다.

Good Luck to You!

이 책에 실린 다양한 인용은 다음의 자료를 참고했다.

부의 법칙(The Dynamic Law of Prosperity)/캐서린 폰더(Catherine Ponder)/남문희 역/국일미디어

풍요로운 삶을 위하여/짐 론/김해온 역/용안미디어

네 안에 잠든 거인을 깨워라(Awaken the Giant Within)/토니 로빈스/조진형 역/씨앗을뿌리는사람

나폴레온 힐 성공의 법칙(The Law of Success in Sixteen Lessons)/나폴레온 힐/김정수 역/중앙경제평론사

나폴레온 힐 부의 법칙/나폴레온 힐, 수잔 텔링게이터/이강락 역/한즈미디어(한스미디어)

석세스 프린서플(The Success Principles: How to Get from Where You Are to Where You Want to Be)/잭 캔필드,

자넷 스위처/조명애 역/팝샷

스티븐 코비의 오늘 내 인생 최고의 날(Everyday Greatness)/스티븐 코비, 데이비드 해치/김경섭 역/김영사

행복연습 - 행복할 이유를 찾아 연습하기(The Practice of Happiness)/존 키호/정연희 역/푸른솔

부자들의 선택(The Millionaire Mind)/토머스 J. 스탠리/장석훈 역/북하우스

파이브-스탠포드는 왜 그들에게 5년 후 미래를 그리게 했는가? (5 : Where Will You Be Five Years from Today?)/댄 자드라/

주민아 역/앵글북스

최고가 되라-당신의 가능성을 폭발시키는 감정의 힘(Bli Best Med Mental Training)/에릭 라르센/김정희 역/한빛비즈

성공을 유산으로 남기는 법/폴 마이어/최종옥 역/두란노

가장 빨리 부자 되는 법(The 10 Pillars of Wealth: Mind-Sets of the World' s Richest People)/알렉스 베커/오지연 역/유노북스

드림리스트 - 마음속 상상력을 사로잡는 강한 목표의 힘(7 Strategies For Wealth And Happiness)/짐 론/박옥 역/프롬북스

백만장자 시크릿 - 부를 끌어당기는 17가지 원칙을 알려주는 부자 매뉴얼(Secrets Of The Millionaire Mind)/하브 에커/나선숙 역/알

에이치코리아(RHK)

보도 섀퍼의 돈(Der Weg Zur Finanziellen Freiheit)/보도 섀퍼/이병서 역/북플러스

당신은 왜 가난한가?/구구/박지민 역/북폴리오

부자의 사고 빈자의 사고 - 당장 할 수 있는데도 99%의 사람들이 실천하지 않는 부자 비법/이구치 아키라/한즈미디어(한스미디어)

아무도 가르쳐주지 않는 부의 비밀/오리슨 S. 마든/박별 역/나래북

영혼을 위한 닭고기 수프 2 - 용기가 필요한 날(Chicken Soup for the Soul)/잭 캔필드, 마크 빅터 한센/류시화 역/푸른숲

부자의 집사 - 집사가 남몰래 기록한 부자들의 작은 습관 53/아라이 나오유키/김윤수 역/다산4.0

부의 추월차선 - 부자들이 말해 주지 않는 진정한 부를 얻는 방법(The Millionaire Fastlane: Crack The Code To Wealth And Live Rich For A Lifetime)/엠제이 드마코/신소영 역/토트

부의 비밀 - 돈 잘 버는 유대인의 10가지 사고방식/랍비 다니엘 라핀/김재홍 역/씨앗을뿌리는사람

알면서도 알지 못하는 것들 - 가장 기본적인 소망에 대하여/김승호/권아리(그림)/스노우폭스북스

하마터면 열심히 살 뻔했다/하완/웅진지식하우스

신경 끄기의 기술 - 인생에서 가장 중요한 것만 남기는 힘(The Subtle Art of Not Giving a Fuck: A Counterintuitive Approach to Living a Good Life)/마크 맨슨/한재호 역/갈리온프레임

나를 바꾸는 심리학의 지혜/최인철/21세기북스

지금 하지 않으면 언제 하겠는가(Tribe of Mentors: Short Life Advice from the Best in the World)/팀 페리스/박선령, 정지현 역/토네이도

초역 니체의 말/프리드리히 니체/시라토리 하루히코(엮은이)/박재현 역/삼호미디어

부를 끌어당기는 가장 친절한 설명서

돈은 없지만 부자수업은 받고 싶다

초판 1쇄 인쇄 2019년 10월 01일
1쇄 발행 2019년 10월 17일

지은이	이원석
발행인	이용길
발행처	**모아북스** MOABOOKS

관리	양성인
디자인	이룸

출판등록번호	제 10-1857호
등록일자	1999. 11. 15
등록된 곳	경기도 고양시 일산동구 호수로(백석동) 358-25 동문타워 2차 519호
대표 전화	0505-627-9784
팩스	031-902-5236
홈페이지	www.moabooks.com
이메일	moabooks@hanmail.net
ISBN	979-11-5849-111-6 03320

이 도서의 국립중앙도서관 출판예정도서목록(CIP)은 서지정보유통지원시스템 홈페이지(http://seoji.nl.go.kr)와 국가자료종합목록 구축시스템(http://kolis-net.nl.go.kr)에서 이용하실 수 있습니다. (CIP제어번호 : CIP 2019033371)

모아북스 MOABOOKS 는 독자 여러분의 다양한 원고를 기다리고 있습니다.
(보내실 곳 : moabooks@hanmail.net)